시가 흐르는 경복궁

시가 흐르는 경복궁

글·사진 박 순

한ㄹ

시가 흐르는 경복궁에 오신 것을 환영합니다.
저기 보이는 흥례문을 지나면 본격적인 경복궁 관람이 시작됩니다.
이 책에서는 직접 찾아가 보는 관람과는 또 다른 경복궁 여행을 시도해보려 합니다.
아주 멀지 않은 옛날, 이곳을 거닐었던 사람들의 아름다운 문장과 함께
경복궁을 새롭게 느껴보시길 바랍니다.

여 는 말

1

경복궁은 태조 이성계가 조선을 건국하면서 함께 세워 올린 조선왕조의 법궁(法宮)이었다. 창건 이후 197년 동안 여러 임금을 거치며 법궁으로서의 권위를 존속하였지만, 임진왜란으로 인해 거의 300년 가까운 시간을 폐허로 누워 있었고, 고종 때 어렵사리 중건하였으나 50년도 채 되지 않아 나라가 망하면서 일제에 의해 무참히 훼손되었다. 다행히도 1990년대부터 복원사업이 진행되어 현재는 제법 당당한 자태를 갖추게 되었다. 그리고, 그 위상도 위상이지만 그 위치가 서울 한복판의 중심이라 할 만한 곳이기에 내외국인을 막론하고 우리나라에서 가장 많은 사람들이 찾는 궁궐이기도 하다.

경복궁을 찾아오는 사람들은 무엇을 보고, 무엇을 생각할까? 사실 꼭 생각을 해야 할 이유는 없으며, 아름다운 전통 건축들이 있고, 나무와 잔디밭도 많은 이곳에서 하루의 나들이를 잘 즐기고 온다면 그것만으로도 충분한 삶의 기쁨이 될 것이다. 우리나라 어딜 가도 보기 어려운 장대하고 기품 있는 전각들을 배경으로 예쁜 사진을 남겨오는 것도 흥거운 경험이 될 것이다. 한복을 입고 가면 입장료도 무료이고 사진도 더 멋스럽게 나올 테니 그 또한 좋은 일이다.

이처럼 경복궁을 전통적인 멋이 있는 우리 모두의 공원으로 이용하는 것도 좋겠지만, 우리가 유럽의 유서 깊은 궁궐을 찾게 되면 그곳에 얽힌 이야기를 알고 싶어 하고, 여러 이야기를 접하고 나면 그 궁궐들을 더욱 깊이 있고 재미있게 체험할 수 있듯이 경복궁을 대할 때에도 그러한 바람을 가질 수 있을 것이다. 물론, 경복궁은 우리에게 너무 익숙한 대상이어서 정작 아는 것이 별로 없더라도 대강은 다 안다고 생각하여 더 이상의 궁금증을 갖지 않을 수도 있겠지만, 경복궁을 찾는 분들 중에 문화해설사의 설명에 귀 기울이는 분들도 많은 것을 보면 경복궁에 대해 좀 더 알고 싶은 욕구들이 있음을 느끼게 된다.

옆을 지나치면서 문화해설사 분들의 설명을 들어보면 대부분 경복궁의 건축과 역사에 대한 내용들임을 알 수 있다. 대형서점에 들러 경복궁에 대한 책들을 찾아보더라도 건축과 역사에 관련된 것이 거의 전부라는 것을 금방 확인할 수 있다. 경복궁 내에 건축사적으로 중요한 건물들 여러 채가 집결되어 있고, 더 강조할 것도 없이 그것들은 '궁궐 건축'이며, 우리가 경복궁에 가서도 눈에 보이는 것들이 빼어난 아름다움을 자랑하는 건물들이니 경복궁 건축에 대한 책이 많은 것은 당연하다 할 것이다. 역사를 보더라도 경복궁과 관련된 역사가 곧 조선의 역사이고, 사극 드라마나 영화 등을 통해 조선 왕실의 역사가 꽤 친숙하며, 남아 있는 자료가 많아 할 수 있는 이야기가 무궁무진하니 경복궁 관련 역사에 대한 책도 많을 수밖에 없을 것이다.

그런데, 지금 경복궁을 찾는 우리 눈에는 보이지 않지만, 조선왕조 500년 내내 경복궁 안팎에서는 경복궁을 주된 배경으로 하는 수많은 글들이 쓰였으며, 그 가운데는 오늘 우리들이 보아도 충분히 공감할 만한 글들도 많이 창작되었음을 생각해주셨으면 한다. 그리고, 경복궁을 배경으로 하다 보니 그 필자들은 대부분 왕이나 당대 최고의 문장가들이다. 이와 같은 글들이 오늘날까지 전해졌는데, 이처럼 값진 문화유산이 알려진 바도 별로 없고, 문화해설사 분들의 설명에서도, 출판된 책에서도 그 실체를 접해볼 기회가 거의 없었던 것이 사실이다. 이에 따라 경복궁에 얽힌 이야기를 그때 그 사람들의 글을 통해 보다 풍부하게 느껴볼 수 있는 중요한 조각 하나가 빠져 있었다 할 것이다.

그래서 이 책을 쓰게 되었다.

2

이 책에서는 경복궁과 밀접한 관련이 있는 옛글을 함께 읽고, 생각해보고자 한다. 경복궁과 밀접한 관련이 있는 옛글이라는 것은 경복궁을 주된 배경으로 삼은 글, 경복궁 내의 새 건물이 완공되었을 때 이를 축하하는 글, 새 건물의 이름을 지으며 그 의미를 설명하는 글, 경복궁 안에서 잔치가 벌어졌을 때 흥겨운 기분에 지은 시, 왕이 경복궁 내의 어떤 곳에 왔다가 그 감회를 읊은 시, 늙은 신하가 경복궁 안에서 숙직하다가 문득 읊조린 시, 임진왜란 때의 의병장이 폐허가 된 경복궁을 보며 슬퍼하는 시 등등을 모두 포괄한다.

책의 구성은 시간 순서대로 하였는데, 이로 인해 처음부터 읽다 보면 자연스럽게 경복궁의 역사적 흐름을 따라갈 수 있을 것이며, 그때마다 어떠한 글들이 지어졌는지를 보게 될 것이다. 각 장의 제목을 들자면 '1장 경복궁의 탄생과 정도전', '2장 경복궁에서의 백구십칠년', '3장 폐허로 누워 있었던 오랜 시간', '4장 경복궁, 다시 태어나다'이다. 각 제목들만 보아도 그 역사적 전개를 짐작하실 수 있을 것이다.

경복궁 내에서는 왕과 왕족을 비롯하여 당대 최고 엘리트인 관료들이 다양한 활동을 벌이며 수많은 글을 지었다. 공식 문서만 많이 썼다는 것이 아니라 오늘날 '문학'이라 부를 수 있는 글들을 매우 많이 지어냈다는 것이다. 여기에는 조선 사회의 특성에 대한 설명이 필요한데, 오늘날 대통령이나 대통령실에서 일하는 관료들, 장관, 국회의원 같은 분들이 시시때때로 시를 짓거나 문학적인 글을 쓰는 경우는 거의 없을 것이다. 이따금 에세이집을 출판한다거나 개인적인 취미로 그러한 글을 즐겨 쓰는 경우가 없진 않겠지만, 조선시대에는 단지 취미 차원을 넘어 왕이든 신하든 글을 쓴다는 것이 업무의 일환이자 삶의 중요한 부분이고, 누구나 갖추고 있었던 필수 교양 같은 것이었다.

조선에서 관료들을 선발하는 과거 시험에는 시를 짓는 과목이 중요한 비중을 차지했다. 이 때문에라도 사대부가의 청년들은 아주 어린 시절부터 시 짓는 학습을 하며 성장하게 되는데, 꼭 과거 시험 때문이 아니더라도 시를 짓는다는 것은 사대부들이 당연히 지녀야 할 소양으로 여겨졌기에 애초부터 벼슬자리를 포기하고 풍류를 즐긴 이들도 시를 잘 지었다. 이는 왕실도 예외가 아니어서 왕자들은 어린 시절부터 경전 공부와 함께 시 짓는 공부를 엄청나게 해야 했다. 오늘날 행정고시나 공무원시험에 시 짓는 과목이 포함되어 있다면 어떠할까? 대통령이건 고위 관료건 모두 시를 잘 짓는 사람으로만 구성되어 있다면 어떠할까? 조선시대가 그런 사회였다고 할 수 있다.

만약 지금의 행정고시나 공무원 시험에 시 짓는 과목이 필수로 지정되어 있다면 수험생들은 매우 열심히 시작(詩作)을 연마했을 것이다. 유명한 시인의 강의는 매우 인기 있었을 것이고, 각종 교재 또한 넘치도록 출판됐을 것이다. 하지만 그들이 시험에 합격하고 난 뒤에도 시를 즐겨 지을 것 같진 않다. 아마도 대다수는 '그놈의 지겨운 시'와는 등을 돌리고 말았을 것 같다. 그런데, 조선의 선비들은 과거에 합격하고 난 뒤에도(과거에 계속 떨어져 평생을 야인으로 살았더라도) 시 짓기를 매우 사랑하였으며, 다른 사람의 시 읽기도 좋아하였고, 대부분 평생을 시와 함께 살았다.

시뿐만이 아니라 다양한 종류의 글을 많이 썼고, 문장력을 대단히 중요시하였다. 예컨대 일가친척이나 지인이 집을 새로 지으면 기문(記文)이나 상량문(上樑文)을 써주었으며(문장으로 이름난 사람일수록 많은 청탁이 들어왔다), 어딘가로 관광을 다녀왔다면 유람기를 남겼으며, 관계된 이들에게 편지도 많이 썼는데 편지 한 장 한 장 그냥 쓰지 않고 말을 세심하게 가다듬었기에 탁월한 문장들이 가득하며, 누군가 돌아가시면 제문(祭文)을 지었고, 묘비문도 썼으며, 거의 매일 일기를 쓴 사람도 적지 않았고, 철학적 사유를 정리한 글도 많이 지었다. 지금까지 빙산의 일각 같은 예를 든 것인데, 그야말로 조선은 문(文)의 나라였다 할 것이다.

이러한 사람들 중에서도 최고의 문사(文士)들이 궁궐의 임금 곁에 있었고, 이들이 경복궁 내에서 짓거나 경복궁에 대해 지은 시문(詩文)들이 많이 남아 있다. 그 가운데 아름다운 글들이 적지 않다. 이와 같은 옛글들을 이 책에서 읽어보고자 하는 것이다. 건축과 역사도 물론 중요하고 흥미롭지만, 문학적 관점에서 경복궁과 관련된 옛글들을 본격적으로 탐색한 책은 찾아보기 어려운데, 이 책이 그 작은 시작점이 되었으면 한다.

글에는 사람의 마음이 담겨 있다. 그리고, 몇 천 년 전의 사람이건 지금 사람이건 희로애락을 느끼는 근본적인 마음들은 거의 변한 것이 없다. 그래서 옛사람의 글을 보아도 그 속에 담긴 마음이 지금 우리들의 마음과 공명할 수 있는 것이다. 이 책에는 600여 년 전의 사람이 쓴 글도 있고, 150여 년 전의 사람이 쓴 글도 있다. 읽어보면 그들의 마음이 지금 우리의 마음과 다르지 않다. 그래서 감동하였고, 그 감동을 독자 여러분께도 나누어드리고 싶다.

2022. 겨울 시작될 무렵.
박 순

차 례

일러두기

1. 이 책에 나오는 모든 시문(詩文)의 원문 및 한글 번역문, 시문과 관련된 지식 정보는 한국고전종합DB(https://db.itkc.or.kr)와 조선왕조실록 홈페이지(http://sillok.history.go.kr)에서 빌려온 것임을 밝힌다. 다만, 문장의 표현을 수정한 곳이 적지 않은데, 일일이 표시하진 않았다.

2. 시문을 해설하면서 '단락'이란 말을 사용한 경우가 있는데, 이는 설명의 편의를 위해 한글 번역문의 단락을 지칭한 것일 뿐 한문 원문에 단락 구분이 되어 있던 것은 아니다.

3. 앞에서 설명한 배경지식에 대한 내용을 뒤에서 다시 반복하진 않았으므로 가급적 책의 앞에서부터 순서대로 읽어주시기를 권한다.

4. 이 책에 실린 모든 시문에 대한 저자의 생각은 정답이 아니며 '하나의' 생각일 뿐임을 말씀드린다. 독자 여러분께서 '또 하나의' 생각을, 혹은 '다른' 생각을 보태주시기를 진심으로 바란다.

1

경복궁의 탄생과 정도전

1. 경복궁의 탄생과 정도전

조선은 1392년에 개국했다. 경복궁이 완공된 것은 태조 4년인 1395년이며, 같은 해 10월 7일 『태조실록』에는 다음과 같은 내용이 보인다.

판삼사사 정도전(鄭道傳)에게 분부하여 새 궁궐의 여러 전각의 이름을 짓게 하니, 정도전이 이름을 짓고 아울러 이름 지은 의의를 써서 올렸다. 새 궁궐을 경복궁(景福宮)이라 하고, 연침(燕寢; 임금의 침전)을 강녕전(康寧殿)이라 하고, 동쪽에 있는 소침(小寢)을 연생전(延生殿)이라 하고, 서쪽에 있는 소침을 경성전(慶成殿)이라 하고, 연침의 남쪽을 사정전(思政殿)이라 하고, 또 그 남쪽을 근정전(勤政殿)이라 하고, 동루(東樓)를 융문루(隆文樓)라 하고, 서루(西樓)를 융무루(隆武樓)라 하고, 전문(殿門)을 근정문(勤政門)이라 하며, 남쪽에 있는 문[午門]을 정문(正門)이라 하였다.

위 글은 조선왕조실록 홈페이지에서 '경복궁'을 검색했을 때 가장 처음에 나오는 기사이다. 그리고, 그 첫 기사의 첫 줄에서부터 정도전(鄭道傳, 1342~1398)이 등장한다. '경복궁'이란 이름을 지은 사람이 다름 아닌 정도전이기 때문이다. 다시 말해 정도전이 "새 궁궐의 이름은 경복궁이다."라고 말한 뒤에야 '경복궁'이란 이름이 세상에 등장한 것이며, 경복궁이 지금도 우리가 그렇게 부르는 경복궁이게 된 것이다.

그렇다면 태조 이성계(李成桂, 1335~1408)는 왜 정도전에게 새 궁궐의 이름을 비롯해 주요 전각의 이름을 모두 짓게 한 것일까? 이미 많은 분들이 알고 계시겠지만 굳이 답을 하자면 다음의 세 가지를 들 수 있을 것이다. 첫째, 정도전은 이성계와 함께 조선을 건국한 핵심 인물이었다. 요즘 말로 하자면 이성계를 왕으로 만든 킹메이커이자, 조선 건국의 정치적·철학적 기반을 구축한 최측근 브레인이었다. 둘째, 정도전은 당대 최고 수준의 문장가이자 사상가였다. 아무리 핵심 관료라 해도 문장과 사상이 부족했다면 새 궁궐의 이름을 짓는 것과 같은 중요한 일을 맡겼을 리 없다. 셋째, 최초의 경복궁을 설계한 사람도 정도전이었다. 정도전은 유교 사상에 입각하여 경복궁 내 모든 전각들의 형태와 배치를 직접 설계하였다. 이만하면 정도전이 왜 '경복궁'이란 이름을 지을 자격이 있었는지 충분한 설명이 되었을 것이다.

위 기사에도 나와 있지만 정도전은 이성계의 명을 받아 궁궐 이름을 비롯해 주요 전각에 대한 이름을 모두 지었다. 그리고, 정말 기쁘게도 정도전이 왜 그러한 이름을 짓게 되었는지, 이름에 담은 뜻은 무엇인지를 직접 기록한 글들이 그대로 남아있다. 『태조실록』에도 실려 있으며(위에서 본 기사 바로 뒤에 나온다), 정도전의 문집인 『삼봉집(三峰集)』에도 수록돼 있다. 경복궁의 탄생과 동시에 쓰인 글이며, 조선의 건국기에 가장 중요한 문인 관료의 글이기도 하다. 따라서, 이번 장에서는 정도전의 이 글들만을 집중적으로 보고자 한다.

경복궁에 대한 정도전의 글은 모두 7편인데, 차례대로 들자면

〈경복궁〉, 〈강녕전〉, 〈연생전·경성전〉, 〈사정전〉, 〈근정전·근정
문〉, 〈융문루·융무루〉, 〈정문〉이다. (현재의 광화문을 정도전은 '정문(正
門)'이라고 이름 붙였지만, 세종 8년(1426)에 경복궁을 수리할 때 집현전에
서 '광화문(光化門)'이라는 이름을 지어 올리면서 현재까지 이어진 것이다.)

글의 순서를 보자면 전체에 해당하는 〈경복궁〉을 먼저 두고, 가
장 안쪽의 〈강녕전〉(경복궁 창건 당시에는 강녕전이 가장 안쪽에 있는 건
물이었다)에서부터 가장 바깥쪽의 〈정문〉 순으로 수록하였는데, 우

경복궁 광화문 창건 때의 그 모습은 아니지만, 많은 수난을 딛고 일어나 지금 이
와 같이 서울 한복판에 당당하게 서 있다.

리가 경복궁을 관람하는 순서는 광화문에서부터 점점 안쪽으로 들어가는 방식이므로 이 책에서도 그 순서를 따르도록 하겠다. 정도전 문장의 정수를 느낄 수 있는 4편만 보고자 하는데, 우선 〈경복궁〉부터 보아야 할 것이다.

이제 정도전의 글을 만나보자. 바쁘고 번잡한 마음은 내려두고 천천히 음미해보시기 바란다.

정도전, 〈경복궁〉

　신(臣)은 생각하건대, 궁궐이란 임금이 정사를 다스리는 곳이요, 사방이 우러러보는 곳이요, 신민들이 다 나아가는 곳이므로, 제도를 장엄하게 해서 존엄함을 보이고 이름을 아름답게 지어 보고 듣는 자를 감동하게 해야 합니다. 그러므로 중국의 한나라와 당나라 이래로 궁궐의 호칭이 혹은 전에 있던 이름을 따기도 하고 혹은 고쳐 부르기도 하였으나, 존엄함을 보이고 감동을 일으키게 한 바는 그 뜻이 같은 것입니다.

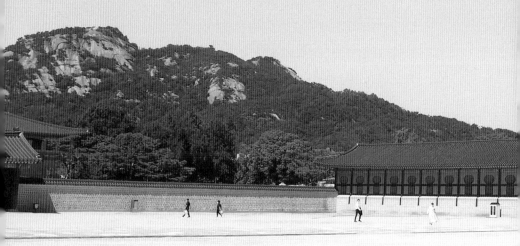

흥례문 앞 광화문 안으로 들어오면 이렇게 넓은 뜰이 펼쳐져 있다. 궁궐 주위로 북악산과 인왕산이 보인다. 저 산들이 있어 경복궁이 더욱 아름답다.

글의 첫 줄에서 정도전은 궁궐에 대한 자신의 생각을 밝혔다. 첫째, 궁궐이란 임금이 정사를 다스리는 곳이다. 궁궐의 가장 중요한 역할은 임금이 국정을 집행한다는 것이다. 언뜻 보면 당연한 말인 것 같지만 그만큼의 막중한 책임감을 가져야 하는 자리라는 것을 분명히 짚어둔 것이라 할 수 있다. 둘째, 궁궐이란 사방이 우러러보는 곳이다. 궁궐은 나라의 중심이자 모든 이들이 존경심을 갖고 우러러보는 대상이라는 것인데, 속뜻을 헤아려보자면 '사방에서 존경을 받을만한 대상이 되어야 한다'라는 의지가 깃들어 있다. 셋째, 궁궐이란 신민들이 다 나아가는 곳이다. 궁궐은 임금 혼자만의 공간이 아니라 신하와 백성들(의 마음)이 다 나아가 함께 나라 살림을 만들어가는 곳이라는 점을 명확히 밝혀둔 것이다. 맹자(孟子)는 백성들과 즐거움을 함께 한다는 여민동락(與民同樂)을 말한 바 있는

데, 정도전도 여기에 그러한 뜻을 담은 것이라 여겨진다.

이러한 궁궐이기에 제도를 장엄하게 해서 존엄함을 보여야 한다고 했다. 정도전의 이 말은 단순한 수사가 아니었다. 실제로 경복궁 완공 1년 전인 1394년(태조 3년)에 조선왕조 최초의 헌법서라 할 수 있는 『조선경국전(朝鮮經國典)』을 펴내어 조선왕조의 정치·경제·사회·문화 전반에 대한 제도를 굳건히 하고자 하였다. 또한, 경복궁의 설계자로서 궁궐의 형태와 공간 배치 등을 모두 유교 사상에 입각하여 엄밀하게 구현해 내었다.

그리고 여기서 그치는 것이 아니라 이름을 아름답게 지어 보고 듣는 자를 감동하게 해야 한다고 하였다. '이름'은 오늘날에도 중요하게 생각하지만, 조선시대에는 더욱 그러했다. 조선의 사대부들은 자신들이 거처하는 집이나 사람들과 교유하는 누정 등에 반드시 이름을 붙였는데, 여기에 자신들이 지향하는 세계관을 압축적으로 담아내었다. 사대부들에게 말과 글은 자신의 정신세계를 드러내는 모든 것이며, 이는 곧 자기 자신과 같다고 할 수 있다. 따라서 말과 글의 집약체인 이름을 자신의 삶과 함께 하는 건물에도 붙여서 늘 자기 내면을 가다듬는 계기로 삼았던 것이다.

보통의 사대부도 이러할진대 왕조의 근간인 궁궐이라면 그 이름이 갖는 무게는 실로 지대한 것일 수밖에 없다. 그런데 주목해보고 싶은 것은 정도전이 이토록 중요한 이름에 대해서 '조선의 국시인 성리학의 깊은 뜻을 담아내야 한다'라거나 '나라의 안녕과 부강함을 지향하는 이름을 붙여야 한다'와 같이 말하지 않고, "보고 듣는 자를 감동하게 해야 한다"라고 했다는 점이다.

'감동(感動)'이란 너와 나의 마음이 함께 느껴[感] 함께 움직이는[動] 것이다. 마음이 움직인다는 것은 머리로만 이해하는 것과는 다른 가장 근원적인 감정적 반응이며, 감동이 있을 때 인간은 비로소 경계를 풀고 마음을 함께 할 수 있다. 궁궐의 이름이 백성들을 감동케 하여 백성들과 마음을 함께 할 수 있다면 그 이상의 더 높은 가치는 없을 것이다. 이렇게 본다면 정도전이 그 어떤 구구절절한 말보다 '감동하게 해야 한다'라고 말한 것이 참으로 의미심장하게 다가온다. 그리고, 당연한 궁금증을 갖게 된다. 정도전은 어떤 뜻을 담은 이름을 지어 보고 듣는 자를 감동하게 하였을까?

글을 더 읽어보자.

전하께서 즉위하신 지 3년이 되던 해, 한양(漢陽)에 도읍을 정하시고 먼저 종묘(宗廟)를 세운 다음 궁궐을 건립했습니다. 그 이듬해 10월 을미일에 임금께서는 친히 곤룡포와 면류관을 갖추고 선왕(先王)·선후(先后)에게 새 종묘에서 제사를 지내고, 이어 군신들에게 새 궁궐에서 잔치를 여셨습니다. 이것은 대개 신(神)의 은혜에 감사하며 미래의 복을 받기 위한 것이었습니다.

앞 단락이 궁궐의 이름에 대한 큰 신인이있다면 이번 단락에서는 구체적인 조선조 개국의 정황을 말하고 있다. 이번 단락부터 정도전이 마주한 지금·여기의 이야기를 시작한 것이다. 담담하게 사실들을 열거하였지만 이성계와 함께 목숨을 건 결단을 내리고 조선을 개국한 일련의 과정들을 생각한다면 위에 적힌 한 글자, 한 글자가 모두 감격스러운 순간이었을 것이다. 정도전의 마음에 좀 더 가까이 다가가기 위해 앞부분만 원문으로 읽어보자면 다음과 같다.

전하즉위지삼년(殿下卽位之三年) …… 전하께서 즉위하신 지 3년
정도우한양(定都于漢陽) …… 한양에 도읍을 정하시고
선건종묘(先建宗廟) …… 먼저 종묘를 세우고서
차영궁실(次營宮室) …… 다음으로 궁궐을 건립했습니다.

이 모든 시간들에 정도전은 가장 가까이 있었으며, 가장 깊이 관여한 사람이기도 하다. 그러하기에 조선의 개국에 성공하고, 위와 같이 이미 이루어진 역사를 적어 내려갔을 때, 정도전의 마음은 어떠했을지…… 한번쯤 상상해보시기 바란다.

위 글에서 "그 이듬해 10월 을미일"이라고 한 것은 앞에서 본 『태조실록』의 기사가 있는 1395년 10월 7일을 말한다. 이날 태조 이성계는 신하들과 함께 새 궁궐에서 잔치를 열었다. 아직 이름을 짓지 않았으니 그냥 새 궁궐[新宮]이다. 이 잔치에서 무슨 말을 나누었을까?

술이 세 순배가 돈 뒤 신(臣) 정도전에게 명하기를, "이제 도읍을 정하고 태묘를 세웠으며 새로운 궁궐이 완성되어 군신들과 기쁘게 잔

치를 하였으니, 그대는 궁궐의 이름을 지어 나라와 함께 길이 빛나도록 하라."고 하셨습니다. 이 명을 받고 신이 삼가 절을 한 다음 『시경(詩經)』 「주아(周雅)」편의 '마음껏 취하고 덕으로 배가 불렀도다, 군자는 만년토록 큰 복을 누리라(旣醉以酒 旣飽以德 君子萬年 介爾景福)'는 한 구절을 읊고는, 새로운 궁궐의 이름을 '경복(景福)'이라 짓기를 청하였습니다. 여기에서 전하께서는 자손들과 더불어 만년토록 태평을 누릴 것이며 사방의 백성들도 길이 보고 느끼는 바가 있을 것입니다.

태조 이성계가 정도전에게 궁궐의 이름을 지으라고 명한 것은 앞에서 밝힌 바와 같이 충분히 납득이 갈만한 일이다. 그런데 사사로운 집도 아닌 궁궐의 이름이라면 명을 받고 나서도 며칠을 고심한 끝에 지어 올리는 것이 상식에 가까울 것이다. 하지만 위 기록을 보면 잔치 중에 술을 마시다가 궁궐 이름을 지으라고 하니 그 즉시 지어 올린 것으로 되어 있다. 상당히 드라마틱한 장면이라 하겠는데, 정도전이 이미 생각해 둔 것일 수도 있고, 이성계와는 미리 말을 다 맞추어두고 많은 사람들이 모인 자리에서 정도전의 입으로 공식적인 천명을 한 것일 수도 있다. 기록은 위와 같이 남아 있을 뿐이니 모두 추측에 불과하겠지만, 실제로 그 즉시 생각이 떠올라 이름을 지었건, 잘 기획된 연출이었건 '경복'이란 이름이 최초로 말해진 정황은, 뭐랄까, 멋이 있다.

이제 본론으로 들어가자면 위 기록을 통해 우리 모두는 왜 경복궁의 이름을 '경복'이라 지었는지를 분명히 알 수 있게 되었다. 바로

근정전 앞뜰 태조 이성계와 신하들이 새 궁궐에서 잔치를 열었다고 하였다. 잔치가 벌어진 곳은 이곳 근정전 앞뜰이 아니었을까 한다. 저 비어 있는 박석들 위로 떠들썩하게 어우러졌던 개국공신들의 모습을 상상해보시라.

『시경』 속에 보이는 "마음껏 취하고 덕으로 배가 불렀도다, 군자는 만년토록 큰 복을 누리라(旣醉以酒 旣飽以德 君子萬年 介爾景福)"라는 구절에서 큰 복을 뜻하는 마지막 두 글자를 따온 것이다.

여기서 의문이 드는 것은 정도전이야말로 확고부동한 유학자이고, 조선의 건국이념 또한 철저한 유교 사상을 전면에 내세웠던 점을 고려했을 때 경복궁의 이름을 왜 '흥인(興仁; 인(仁)을 일으킨다)'이나 '숭례(崇禮; 예(禮)를 숭상한다)' 등과 같이 유교 철학을 보다 직접적으로 드러낸 방식으로 짓지 않았을까 하는 점이다. ('흥인지문',

'숭례문'과 같은 사대문의 이름도 모두 정도전이 지은 것이다.)

정도전이 이에 대해 직접적인 언급을 하진 않았지만, 조선을 건국하면서 인의예지(仁義禮智)와 같은 유교적 덕성을 뿌리내리게 하는 것도 물론 중요하겠으나 보다 근원적으로 우선시되어야 할 것은 역시 나라의 평안과 백성들의 행복이었을 것이다. 따라서 정도전도 조선의 법궁에는 태평성세에 대한 염원을 담아 '경복'이란 이름을 붙인 것이라 짐작할 수 있다. 더욱이 이제 막 건국한 신생 국가였기에 나라의 태평을 기원하는 마음은 더욱 컸을 것이라 생각된다.

또한, 태평성세를 염원하는 마음은 백성들의 행복을 바라는 애민정신과 직결되는데 이는 공자(孔子)가 대단히 중시한 사상이기도 하다. 단적인 예로 『논어(論語)』에 나오는 다음과 같은 문장이 있다.

자로(子路)가 군자(君子)에 대하여 물으니, 공자께서 대답하셨다. "군자는 자신을 닦기를 경(敬)으로써 한다."

자로(子路)가 물었다. "이와 같을 뿐입니까?"

공자께서 말씀하시길, "자신을 닦음으로써 남을 편안하게 한다."

자로가 묻기를, "이와 같을 뿐입니까?"

공자께서 말씀하시길, "자기를 닦음으로써 백성을 편안하게 해야 하니, 자기를 닦음으로써 백성을 편안하게 하는 것은 요순(堯舜)께서도 오히려 부족하게 여기셨다."

(第子路問君子 子曰修己以敬 曰如斯而已乎 曰修己以安人 曰如斯而已乎 曰修己以安百姓 修己以安百姓 堯舜其猶病諸)

공자가 절대적인 존재로 받드는 요순께서도 오히려 부족하게 여기셨다는 것은 공자가 생각하는 가장 높은 단계의 실천이라 할 수 있다. 즉, 자기를 닦음으로써 백성을 편안하게 하려는 애민정신은 유교 철학의 근간이라 해도 과언이 아니다. 이렇게 보자면 정도전은 공자의 사상을 충실히 계승한 것이다.

정도전은 새 궁궐의 이름을 '경복'이라 짓기를 청하고서 다음과 같이 말하였다. "여기에서 전하께서는 자손들과 더불어 만년토록 태평을 누릴 것이며 사방의 백성들도 길이 보고 느끼는 바가 있을 것입니다." 물론, 이 글이 집필된 때로부터 600년 뒤에 살고 있는 우리들은 경복궁의 역사가 만년토록 태평하지 않았다는 사실을 잘 알고 있다. 하지만, 조선이 개국하고 경복궁이 처음 이 땅에 모습을 드러내었던 그때, 정도전의 마음은 이러했던 것이다.

이제 마지막 한 단락이 남았다. 정도전이 어떻게 글을 마무리했을지 보도록 하자.

그러나 『춘추(春秋)』에 이르기를, '민력을 중히 여기고 토목 공사를 삼가라(重民力 謹土功)' 하였으니 어찌 인군으로서 한낱 백성들만 부지런히 일하도록 하여 자신을 받들게만 할 것입니까? 편안하게 넓은 집에서 살 때에는 가난한 선비들을 보호할 것을 생각하고, 서늘하게 전각에서 살 때에는 맑은 그늘을 나누어 줄 것을 생각하여야 만민들이 받드는 의의를 저버림이 없을 것입니다. 그래서 아울러 말씀드렸습니다.

근정전 위에서 바라본 서울 저런 빌딩들은 없었겠지만 조선의 임금들도 이와 같이 남쪽을 향하여 백성들을 바라보았을 것이다. 그들은 정도전의 바람처럼 백성들을 생각하였을까?

마지막으로 이 한 단락이 있어 글이 비로소 완성된 느낌이 든다. "어찌 인군으로서 한낱 백성들만 부지런히 일하도록 하여 자신을 받들게만 할 것입니까?" - 이 한 마디에 정도전의 애민정신이 선명히 드러난다. 이는 또한 왕에게 전하는 날카로운 당부의 말이기도 하다. 여러 겹의 담장으로 둘러싸인 궁궐 안은 편안하고 넓다. 그래서 편안하고 넓은 집에서 살 때에는 가난한 선비들을 보호할 것을 생각하라고 하였다.

왕은 농사를 짓거나 노동을 하지 않기에 굳이 땡볕 아래 있을 이유가 없다. 하지만 대다수의 농사짓는 백성들은 싫어도 땡볕 아래 장시간 있어야 한다. 그래서 서늘하게 전각에서 살 때에는 맑은 그늘을 나누어 줄 것을 생각하라고 하였다. 쓱 읽고 넘어갈 수도 있는 부분이지만, 이 짧은 문장이 시선을 오래 머무르게 한다. 그만큼 진심이 담겨 있다. 아름다운 문장이다.

정도전은 마지막으로 덧붙인다. 임금이 이러했을 때 "만민들이 받드는 의의를 저버림이 없을 것입니다." 만민들이 왜 임금을 받들겠는가? 자신들을 잘 살게 해달라고 받드는 것이다. 정도전은 이 점을 분명히 인식하고 있었다. 따라서 조선이 건국되고 새 궁궐이 완공된 후 '경복궁'이란 이름을 처음 갖게 된 경사스러운 이때 마지막으로 역설했던 것이다. "편안하게 넓은 집에서 살 때에는 가난한 선비들을 보호할 것을 생각하고, 서늘하게 전각에서 살 때에는 맑은 그늘을 나누어 줄 것을 생각하여야 만민들이 받드는 의의를 저버림이 없을 것입니다."

정도전, 〈근정전·근정문〉

근정전은 경복궁의 정전(正殿)으로 경복궁에 들어서서 근정문을 통과하면 바로 마주하게 되는 우뚝하고 늠름하게 서 있는 바로 그 건물이다. 경복궁의 상징이라 할 수 있는 이곳은 왕의 즉위식, 문무백관의 조회, 과거 시험, 외국 사신의 접견 등 나라의 공식 행사를 치르던 곳으로 경복궁 내에서 가장 높은 권위를 가진 중심 전각이다. 이러한 전각에 정도전은 '근정전(勤政殿)'이란 이름을 붙였다. '부지런할 근(勤)', '다스릴 정(政)' 자를 썼으니 글자 그대로 부지런히 정사에 힘쓰라는 의미를 갖는다. 핵심은 '부지런할 근' 자에 있는데, 정도전이 이에 대해 어떠한 말을 하였는지 들어보기로 하자.

근정전 볼 때마다 느끼는 것이지만 참 잘 생겼다. 우리나라 궁궐 건축을 볼 때마다 늘 두 가지를 생각하게 된다. '단정함', 그리고 '절제된 권위'. 요란하지 않고 얼 말의 흐트러짐 없이 단정하다. 그리고 화려함 대신 절제된 미의식을 지니고 있으며, 그러한 가운데 권위가 느껴진다. 단정함. 절제된 권위. 두 가지를 가장 잘 보여주는 건축은 단연 근정전이다.

천하의 일이 부지런하면 다스려지고 게으르면 망하는 것은 필연의 이치입니다. 작은 일도 그러하거늘 하물며 정사(政事)와 같은 큰 일은 어떠하겠습니까?

첫 줄부터 단도직입, 에두르지 않고 바로 들어갔다. 부지런하면 다스려지고 게으르면 망한다 ─ 다름 아닌 왕에게 하는 말이다. 작은 일도 그러하거늘 하물며 정사와 같은 큰 일은 어떠하겠냐고 물었으니 왕은 반드시 부지런해야 함을 강하게 당부하고 있는 것이다. 정도전다운 기개와 강직함이 느껴진다. 하지만 이것만으로 그치지 않았으니 글을 끝까지 읽어보아야 할 것이다. 중간 부분은 생략하고 바로 결론부로 넘어가겠다.

그러나 다만 인군이 부지런해야 한다는 것만 알고 부지런해야 하는 까닭을 알지 못한다면 끝내 그 부지런함은 번잡하고 까다롭게만 될 뿐이므로 볼만한 것이 못될 것입니다.

이 글 전체의 묘미는 '그러나 다만'이라고 하면서 반전을 이루는 바로 이 부분에 있다. 그 직전까지 인군이 부지런해야 함을 적극적으로 강조했지만, 여기에서 돌연 부지런해야 한다는 것만 알아서는 안 되며 부지런해야 하는 까닭을 알아야 한다고 한 것이다. 그렇다면 정도전이 생각하는 '부지런해야 하는 까닭'은 무엇일까?

근정전 바짝 다가와 계단 앞에 서면 이런 모습이다. 이 계단을 오를 때 임금도 신하도 많이 긴장했을 것 같다. 두 층으로 된 지붕의 선이 날개를 펼친 듯 아름답다.

선유(先儒)들이 말하기를, "아침에는 정사를 행하고, 낮에는 어진 이에게 묻고, 저녁에는 명령할 일들을 가다듬고, 밤에는 편안히 쉰다."고 하였으니 이것이 인군의 부지런함입니다. 또 말하기를, "현명한 이를 구하는데 부지런하고, 현명한 이에게 정사를 맡기는 데 편안히 한다." 하였습니다. 신이 이러한 말들을 올려 청할 따름입니다.

'부지런해야 하는 까닭'은 곧 '무엇에 부지런히 힘쓸 것인가?'라는 질문으로 바꿔 말할 수 있겠는데, 위 문장에 그 답이 제시되어 있다.

선유(先儒; 선대의 유학자)의 말을 빌려 와 두 가지 발언을 하였다. 첫 번째 발언은 임금 자신의 정치 행위를 부지런히 하라는 것과 어진 이에게 묻는 것을 부지런히 하라는 것이다. 임금 자신의 정치 행위는 당연히 해야 할 책무이므로 사실상의 핵심은 어진 이에게 물으라는 데에 있다. 즉, 신하들의 말을 잘 경청하여 국정에 반영하라는 주장이다. 두 번째 발언은 더욱 선명하게 정도전의 주장을 내비치고 있는데, 현명한 신하를 구하는데 부지런할 것이며, 현명한 신하에게 정사를 맡기고서 이를 편안히 여기라는 말이다.

정도전이 재상을 중심으로 한 신권 정치를 추진하고자 했음은 잘 알려진 사실이다. 단적인 예로 정도전이 저술한『조선경국전』을 보면 "임금의 직책은 한 사람의 재상을 선택하는 데 있다(人主之職 在擇一相).", "임금의 직책은 한 사람의 재상과 (정사를) 의논하는 데 있다(人主之職 在論一相)"라는 발언이 보인다. 한 마디로 임금이 할 일은 재상을 잘 선택해 재상과 의논해서 정치를 하라는 것이다.

위 글에서 선유가 말했다는 두 번째 발언을 다시 읽어보자. "현명한 이를 구하는데 부지런하고, 현명한 이에게 정사를 맡기는 데 편안히 한다." - 선유의 말이라고 하면서 다소 완곡하게 전달하였지만, 실상은 대담하게 자기주장을 피력한 것이며, 개국 초부터 자신의 구상을 밀어붙이고자 했던 정도전의 자신만만함이 담겨 있는 것이라 할 수 있다.

정도전의 생각으로는 왕은 선출되는 것이 아니라 승계되는 것이므로 자질이 부족하거나 인간적으로 문제가 있는 인물도 왕위에 오를 수 있고, 그렇게 되면 나라가 크게 위태로워질 수 있다고 여겼다. 실제로 고려 왕조의 역사나 중국 역대 왕조의 역사를 보아도 그러한 사례는 매우 많았기 때문에 이러한 확신이 생긴 것도 무리는 아니었을 것이다. 따라서 정도전은 능력과 도덕성의 검증을 받으며 단계적으로 선출·승진되어 올라온 엘리트 관료들이 국가의 정치를 주관해야 한다고 생각하였다.

언뜻 보기에는 정도전의 생각이 맞는 듯하지만, 조선의 역사만 놓고 보더라도 재상들이 아무리 능력과 도덕성의 검증을 받으며 높은 자리까지 올라왔다고 해도 자신, 혹은 자기 당파의 이익만을 좇았던 경우는 헤아릴 수 없이 많았으며, 아예 선출·승진의 절차조차 부정과 부패로 얼룩진 경우 또한 대단히 많았음을 우리 모두 알고 있다.

정도전의 대척점에 있다고 할 수 있는 태종 이방원이 바로 이러한 점을 경계하며 강력한 왕권 정치를 시행한 것인데, 역사를 놓고 보자면 왕권 정치가 옳은가? 신권 정치가 옳은가? 라는 질문은 양쪽 모두 생각대로 잘되면 좋지만, 생각과는 다르게 변질될 가능성도 상당하기 때문에 결국 답을 내릴 수 없는 문제가 되고 만다.

정도전은 이방원에게 살해되었고, 이방원이 조선의 제3대 임금으로 즉위하면서 정도전이 꿈꿨던 재상 중심의 정치는 물거품이 된 것처럼 보인다. 하지만 조선왕조의 전체 역사를 들여다보면 왕권과 신권의 치열한 다툼이 끊이지 않았으며, 신권이 더 강력했던 때도 적지 않았다. 물론 신권이 더 강력했던 때라 하여도 정도전이 애

근정전 밤하늘엔 달이 떠 있고 근정문 너머로는 현대인들이 세워 올린 빌딩들이
보인다. 정도전은 임금의 부지런함이란 밤에 편히 쉬는 것이라고 했다. 그 옛날
궁궐에서의 밤을 상상해본다.

초에 구상한 이상적인 재상 중심의 정치와는 거리가 멀었을지도 모른다. 정도전이 하늘에서 이러한 조선의 역사를 보고 있었다면 어떤 생각을 하였을까?

국가 권력을 두고 온몸으로 맞서 싸웠던 인물들은 다 가고 없지만, 근정전은 복원에 복원을 거듭하며 오늘날에도 당당한 자태로 그 자리에 서 있다. 경복궁에 가서 근정전 앞을 거니신다면, 혹은 머릿속에서 근정전의 그 늠름한 자태를 떠올리신다면 정도전이 처음 '근정전'이란 이름을 붙이며 그 공간에서 펼쳐내고 싶었던 생각들을 되새겨주셨으면 한다.

정도전, 〈사정전〉

근정전이 왕실의 큰 행사를 위한 정전이고, 강녕전이 왕의 침소인 반면, 그 사이에 위치한 사정전은 실제의 정사를 관장하는 집무 공간이다. 따라서 조선왕조의 국정을 놓고 본다면 가장 중요한 장소라 할 수 있는데, 이곳에 정도전은 '사정전(思政殿)'이란 이름을 붙였다. 글자 뜻 그대로 '정사를 생각하다'라는 뜻이다. 핵심은 물론 '생각할 사(思)' 자에 있다. 정도전이 이에 대해 어떻게 말하였는지 보도록 하자.

천하의 이치는 생각하면 얻고 생각하지 않으면 잃습니다.

역시 첫 줄에서부터 단도직입, 거침이 없다. 원문으로는 '천하지리, 사즉득지, 불사즉실지(天下之理 思則得之 不思則失之)'이다. 명쾌한 어법이다. 전각의 이름을 '사정전'이라 지었으니 '생각할 사

사정전 근정전에 비해 규모는 훨씬 작지만, 사정전은 사정전만의 고졸(古拙)한 아름다움이 있다. 유명한 한문학자이신 모 교수님께서는 연구가 안 풀릴 때면 이곳 사정전에 와보신다고 한다. 그분은 사정전 앞에 와서 어떤 기운을 얻고 가시는 걸까?

(思)' 자에 대해 처음부터 분명히 선언한 것이다. 물론 왕에게 하는 말이며, 생각하면 얻고(나라가 잘 될 것이고), 생각하지 않으면 잃는다 (나라가 망할 것이다)라고 하였다. 그렇다면 왕이 어떤 생각을 해야 할 것인지 그 구체적인 설명이 덧붙어 있을 것이다. 계속 보기로 하자.

인군은 한 몸으로 가장 높은 자리에 있습니다. 뭇사람들 중에는 지혜로운 자와 어리석은 자, 어진 자와 불초한 자가 섞여 있고, 뭇 일들 가운데는 시비(是非) 이해(利害)가 뒤섞여 있으니 인군이 깊이 생각하여 자세히 살피지 않으면 어찌 옳고 그름을 판별하여 처리하고, 사람의 현부(賢否)를 가려 어진 이를 쓰고 불초한 자를 내칠 수 있겠습니까? 예로부터 인군이라면 누군들 존영(尊榮)을 좋아하고 위태로운 것을 싫어하지 않았겠습니까? 그런데도 비루한 자를 가까이 하고 옳지 않은 계책을 세워 끝내 망하게 되는 것은 생각을 하지 않았기 때문입니다.

"인군이 깊이 생각하여 자세히 살피지 않으면 어찌 옳고 그름을 판별하여 처리하고, 사람의 현부(賢否)를 가려 어진 이를 쓰고 불초한 자를 내칠 수 있겠습니까?"라고 하면서 생각함에는 두 가지 효용이 있음을 드러내었다. 그 첫째는 옳고 그름을 판별하여 처리할 줄 아는 능력이고, 둘째는 인재를 가려 뽑을 수 있는 능력이다.

이어서 "비루한 자를 가까이 하고 옳지 않은 계책을 세워 끝내 망하게 되는 것은 생각을 하지 않았기 때문입니다."라고 하면서 인사의 중요성을 역설하였다. 이 또한 적극적으로 해석하자면 현명한 신하를 등용하는 것이 중요하고, 현명한 신하의 의견을 경청하여 옳은 계책을 세워야만 나라가 바로 설 것이라는 주장이라 할 수 있다. 즉, 〈근정전·근정문〉에서 밝힌 재상을 중심으로 한 신권 정치의 구상을 위 글에서도 피력한 것이다.

그런데, 〈근정전·근정문〉에서는 현명한 이를 구하는 데 부지런해야 한다고만 말했다면 위 글에서는 사람의 현부를 가릴 줄 알아야 한다는 점을 강조하였다. 이는 부지런함[勤]에서 한 발 더 나아간 생각[思]의 기능이다. 나아가 실제의 국정을 집행하는 사정전의 역할을 염두에 둔다면 〈근정전·근정문〉에서보다 더욱 구체적으로 사람의 중요성, 즉 현명한 신하를 선발하는 것의 중요성을 말한 것이다.

다음으로는 "예로부터 인군이라면 누군들 존영(尊榮)을 좋아하고 위태로운 것을 싫어하지 않았겠습니까?"라고 하였는데, 사람은 누구나 존경받고 자기 생각에 잘 따라와 주길 원하지, 비판받고 거부당하길 원하지 않는다. 말은 쉬워서 '자기 비판을 겸허히 수용해야 한다', '반대 의견에 귀 기울여야 한다', '좋은 약은 입에 쓴 법이다'라고 하지만, 막상 실천하기는 대단히 어려운 것이다. 정도전도 이 점을 잘 알고 있었기에 위와 같이 말했을 터이다.

끝으로 "그런데도 비루한 자를 가까이 하고 옳지 않은 계책을 세워 끝내 망하게 되는 것은 생각을 하지 않았기 때문입니다."라고 하였다. 사실상 재상을 중심으로 한 신권 정치를 하건, 강력한 왕을 중심으로 한 왕권 정치를 하건 왕 혼자서 모든 국정을 도맡아할 수는 없다. 결국 여러 관료들의 역할 분담이 이루어져야 하고, 각자 맡은 자리에서 최선의 역량을 발휘해야 한다. 그리고 왕은 관료들이 올린 의견에 판단을 내려야 하는 최종 책임자로서의 막중한 역할이 있는 것이다. 따라서 왕의 생각하는 능력, 즉 판단력이 중요할 수밖에 없다. 그런 점에서 볼 때 실제로 집무가 이루어지는 이 공간에 '생각할

사정전 내부 가장 안쪽에 임금의 어좌가 보이고, 그 앞 양쪽으로 사관들이 실록을 작성하던 책상이 놓여 있다. 이곳이 조선왕조의 집무실이었다.

사(思)' 자를 넣은 '사정전'이란 이름을 붙인 것은 매우 적절했다고 여겨진다.

다만, 정도전이 글을 쓴 맥락을 보면 현명한 신하를 잘 가려 뽑아야 한다는 것을 강조하고 있는데, 앞의 〈근정전·근정문〉에서도 보았듯이 정도전은 철저한 신권 정치를 구상하고 있었던 것이다.

다음의 몇 줄은 생략하고, 마지막 부분을 보겠다.

이 궁궐에서는 매번 조회 때마다 이곳에서 국사를 의논합니다. 그

사정전 앞의 내부 사진에서 보았듯이 사정전은 마루가 깔려 있으며, 난방이 되지 않는 공간이다. 그래서 날이 추울 때는 사정전 양 옆의 보조편전인 천추전(千秋殿)과 만춘전(萬春殿)을 이용했다고 한다. 위 사진에서 천추전이 살짝 보인다. 담장 밖으로는 인왕산이 보인다.

리하여 만 가지 일이 겹쳐 이르는데, 모두 전하께 전달되어 조칙을 내리고 지휘를 하게 되니 더욱 생각을 하지 않을 수 없는 것입니다. 이에 신이 청하기를 '사정전(思政殿)'이라고 이름 지었습니다.

정도전이 하고 싶었던 말은 첫 단락에서 다했다고 할 수 있다. 위에 인용한 결론부는 자기 주장을 더 강조하거나 부연하지 않고 단정하게 글을 정리한 느낌이다.

　경복궁에 가보면 근정전의 화려한 자태가 워낙 눈길을 끄는데다가 박석들이 깔린 앞뜰 또한 넓고도 웅장한 분위기를 자아내기에 그곳에서 많은 시간을 보내게 된다. 그리고는 바로 뒤에 있는 사정전은 대강 훑어보고 지나가는 경우가 있는 듯한데, 사정전 내부도 근정전 내부에 비해 협소하기 때문에 다소 초라해 보일 수 있을 것이다(규모의 크고 작음과는 별개로 사정전은 근정전과는 또 다른 건축적·미학적 아름다움이 상당한 건물이다). 하지만, 근정전이 큰 행사장이라면 왕의 실질적인 업무 장소는 사정전이었다. 우리가 사극에서 익히 보았던 왕과 신하들이 격론을 벌이며 나랏일을 고민했던 장소가 바로 사정전이었던 것이다. 그 사정전에서 정도전이 이름 붙인 의미 그대로 얼마나 많은 사람들의, 얼마나 많은 '생각[思]들'이 오고 갔을 것인가? 경복궁에 가게 된다면 사정전 앞을 거닐면서, 또 사정전 안을 들여다보면서 그 '생각들'을 생각해 주시기 바란다.

정도전, 〈강녕전〉

강녕전 일반 사대부가의 사랑채에 해당되는 강녕전. 여느 사랑채에 비해 훨씬 큰 규모를 가지고 있다. 건물 앞의 월대는 크기가 웬만한 소극장 무대 정도는 되어서 작은 행사나 공연 등을 벌일 수 있었을 것이다. 지붕 위의 용마루가 없는 것이 특징적이다(앞의 근정전 사진과 비교해보면 지붕 위에 무엇이 없는지 바로 알 수 있다).

사정전 뒤에 있는 강녕전은 왕의 침전이다. 이곳에서 잠을 잤으며, 휴식을 취하거나 독서를 하고 때로 신하들과 만나 국정을 의논하기도 했던 곳이다. 현재 경복궁에 가보면 강녕전 뒤로 왕비의 침전인 교태전이 있는데, 교태전은 세종 22년(1440)에 건립된 것이며, 조선 개국 당시에는 없었다. 즉, 근정전-사정전-강녕전으로 이어지는 중심축의 가장 안쪽 건물이 강녕전이었다. 그렇다면 정도전이 이곳을 왜 '강녕전(康寧殿)'이라고 이름 지었는지 그가 남긴 글을 보도록 하자.

신은 상고하건대, 『서경(書經)』의 「홍범(洪範)」 아홉째 장에 나오는 오복(五福) 중에서 세 번째가 '강녕(康寧)'입니다. 대개 인군이 마음을 바르게 하고 덕을 닦아 지극히 올바른 도를 세우면 오복(五福)을 누릴 수가 있습니다. 강녕은 바로 오복의 하나인데 그중에서 강녕만 든 것은 그것을 들면 나머지는 모두 포함되기 때문입니다.

『서경(書經)』에 나오는 오복은 차례대로 수(壽; 오래 사는 것), 부(富; 부유함), 강녕(康寧; 몸의 건강과 삶의 편안함), 유호덕(攸好德; 덕을 좋아하며 즐겨 행함), 고종명(考終命; 제 명대로 살다가 편안히 죽음)이다. 사람이라면 누구나 이렇게 살기를 바라는 것들이다. 정도전은 이 중에서 세 번째인 '강녕'을 선택했다. 선택한 이유는 '강녕'을 들면 나머지는 모두 포함되기 때문이라고 하였다. 굳이 따져보자면 '수'와 '고종명'은 몸의 건강에 포함될 수 있으며, '부'와 '유호덕'은 삶의 편안함에 포함될 수 있을 것이다.

'강녕(康寧)'의 '강'은 '건강(健康)'이라고 할 때의 '강'이다. '녕'은 '안녕(安寧)'이라고 할 때의 '녕'이다. 건강과 안녕. 평범한 사람들일지라도 인생에서 가장 소중하게 생각하는 것일 텐데, 한 국가의 왕이라면 더욱 그러할 것이다. 임금의 건강과 안녕은 단지 개인적인 차원이 아니라 국가 전체의 안위와 직결되기에 특히 그러하다. 이에 따라 정도전은 왕의 침전에 왕의 건강과 안녕을 비는 '강녕'이라는 이름을 지어 올린 것이고, 『서경』에 의하면 '강녕'이 오복 모두를 포괄할 수도 있으므로 좋은 의미가 확대되는 장점도 있다.

강녕전 경내 사정전의 양옆에 천추전과 만추전이 있는 것처럼, 강녕전의 양옆에도 연생전(延生殿)과 경성전(慶成殿)이 있다. 왼편으로 경회루 지붕과 함께 인왕산이 보인다.

그런데 중요한 것은 '강녕'으로 대표되는 오복이 저절로 주어지는 것이 아니라 "인군이 마음을 바르게 하고 덕을 닦아 지극히 올바른 도를 세우면 오복을 누릴 수가 있습니다."라고 하였다는 점이다. 역시 정도전답게 왕이 잠자고 쉬는 개인 공간에서도 인격의 수양을 세을리 하지 말 것을 강력히 권고한 것이다.

이어지는 글에서는 내용이 좀 더 구체적으로 들어간다.

그러나 마음을 바르게 하고 덕을 닦는 일은 여러 사람이 다 보는 데서는 애써 실천하지만, 한가하고 혼자 있을 때는 쉽게 안일에 빠져서 경계하는 뜻이 매번 게을러지게 됩니다. 그래서 마음을 바로잡지 못하는 바가 있고 덕이 닦여지지 못하는 바가 있으니 지극히 올바른 도가 서지 못하여 오복이 허물어지게 됩니다.

누구나 공감할 만한 내용일 것이다. 다른 사람 앞에서는 점잖고 예의 바르지만 혼자 있을 때에는 형편없어지는 경우는 정말 많다. 누구라도 이런 경험은 있을 것이고, 아마도 거의 매일이 이럴 수도 있을 것이다. 혼자 있을 때 적당히 긴장을 풀고 마음을 편히 하는 정도라면 괜찮겠지만, 문제는 혼자 있을 때의 '나'와 사람들이 볼 때의 '나'가 확연히 다른 경우이다. 처음엔 조금 달랐겠지만 그 차이가 점점 벌어지기는 너무도 쉽다. 습관은 관성이 있기 때문이다. 이렇게 되면 사람들이 볼 때의 '나'는 애써 꾸민 모습이 되며, 결국은 조금씩 본모습이 새어나올 수밖에 없다. 애초에 혼자 있을 때에도 몸가짐과 마음가짐을 올바르게 하여야 그것이 온전한 '나'의 모습일 것이며, 사람들 앞에서도 굳이 꾸밀 필요 없이 진실한 '나'의 모습으로 대면할 수 있는 것이다. 이러한지라 유교 철학에서는 홀로 있을 때 특히 조심하고 마음가짐을 바로 해야 한다는 점을 강조한다. 바로 '신독(愼獨)'이라 하는 것인데, 글자 뜻 그대로 '홀로 있을 때 삼가라'는 것이다. '신독'을 말한 문장은 『중용(中庸)』에도 나오고 『대학(大學)』에도 나오는데 『중용』의 문장이 특히 아름답다.

도(道)란 것은 잠시도 떠날 수 없는 것이니 떠날 수 있다면 도가 아니다. 이러하므로 군자는 보이지 않는 바에도 경계하고 삼가며, 들리지 않는 바에도 두려워하고 조심하는 것이다. 숨어 있는 것보다 잘 보이는 것이 없으며, 은미한 것보다 잘 드러나는 것이 없으니, 그러므로 군자는 홀로 있을 때를 삼가는 것이다.

(道也者 不可須臾離也 可離 非道也 是故君子 戒愼乎其所不睹 恐懼乎其所不聞 莫見乎隱 莫顯乎微 故君子 愼其獨也)

『중용』첫 장에 나오는 이 문장은 수신(修身)을 강조하는 유교 사상의 정수를 담고 있기에 조선조 선비들에게는 금과옥조와도 같이 가슴에 새기고 있는 문장이었을 것이다. 정도전 또한 그러했을 것이며, 정도전이 쓴 글을 다시 보면 위『중용』의 문장이 바탕에 깔려 있음을 짐작할 수 있다.

글을 좀 더 보기로 하자.

옛날 위무공(衛武公)이 스스로 경계하는 시에 이르기를,

네가 군자와 벗할 때를 보면
얼굴을 화하고 부드럽게 하며
행여 허물 있을까 두려워하는구니
네 집에 있을 때를 살펴보니
가장 어두운 구석에서도 부끄러울 게 없구나

라고 하였습니다. 무공(武公)의 경계하고 삼감이 이러했으므로 그 향년이 구십 세였으니, 그가 지극히 올바른 도를 세워 오복을 누렸음 이 명확하게 증험된 것입니다.

위 시는 『시경』에 수록돼 있는 것인데, 신독 사상이 잘 담겨 있다. 물론 『시경』은 『중용』이나 『대학』보다 훨씬 앞서 나온 문헌이므로 위무공이 『중용』이나 『대학』을 읽고 위와 같은 시를 지은 것은 아니 다. 자신을 돌아볼 줄 아는 사람이라면 굳이 '신독'이란 용어가 등장 하기 전부터 위와 같은 삶의 태도를 가졌을 것이고, 이는 동서고금 을 뛰어 넘는 가치관이라 여겨진다.

재미있는 것은 정도전이 "무공(武公)의 경계하고 삼감이 이러했 으므로 그 향년이 구십 세였으니, 그가 지극히 올바른 도를 세워 오 복을 누렸음이 명확하게 증험된 것입니다."라고 말한 대목인데, 무 공이 경계하고 삼갔기 때문에 구십 세까지 살았다고 하는 것은 논 리적으로 비약이고(장수의 원인은 여러 가지가 있을 수 있으며, 사실상 가 장 중요한 요인은 유전이다), 구십 세까지 산 것을 두고 올바른 도를 세 워 오복을 누렸음이 증명되었다고 하는 것은 더욱 그러하다. 물론, 정도전도 이러한 발언이 논리적 비약임은 알고 있었을 것이다. 이와 같은 발언의 주목적은 논리적 합당성이 아니라 듣는 사람에게 믿음 을 주고자 하는 것이다. 다만 이 믿음은 종교적 믿음과 유사하다. 즉, '착하게 살면 천국 간다'와도 같은 (믿기를 원하는) 믿음인 것이며, 유교를 국시로 하는 조선에서 절대적인 경전으로 받들어지는 『시

강녕전 위에서 바라본 남쪽 경복궁의 주요 전각들은 모두 남향을 하고 있으므로 왕이 강녕전에서 바라본 경관도 (저 너머의 빌딩들을 제외하면) 이와 같았을 것이다. 강녕전의 출입문인 향오문(嚮五門) 지붕과 사정전의 지붕이 절묘한 비례를 이루고 있다. 왕의 시선으로 본 일터(사정전)의 모습이기도 하다.

경』 속의 시를 인용했기 때문에 믿음이 더욱 공고해질 수 있는 것이다. 더욱이 자신을 잘 삼가고 경계하면 구십 세까지 살 수 있다 하였으니 이를 싫다고 할 사람이 어디 있겠는가? 왕도 마찬가지였을 것이다.

이제 마지막 단락을 보고자 한다.

대개 그렇게 하는 공정은 마땅히 한가하고 홀로 있는 곳에서부터 시작해야 할 것입니다. 원컨대 전하께서는 무공의 시를 본받아 안일을 경계하고 경외심을 보존하여 지극히 올바른 복을 누리소서. 그리하면 세자와 세손께서 계승하고 또 계승하여 천만대에 전해질 것입니다. 이러하므로 전하의 침전을 강녕전이라 이름 지었습니다.

글의 마지막까지 읽고 나니 정도전이 왕의 침전을 '강녕전'이라 이름 지은 의미를 분명히 알 수 있을 것 같다. 그리고, 이름을 참 잘 지었다는 생각도 든다. 정도전은 왕이 홀로 있을 때에도 안일을 경계하고 마음가짐을 바르게 할 것을 권고한 동시에, 이를 잘 실천하여 오복을 누리라는 축원의 뜻까지 담은 것이다.

지금까지 경복궁, 근정전, 사정전, 강녕전에 대한 정도전의 글을 보았는데, 각 장소에 맞게 참으로 적절하고도 좋은 이름을 지었다고 생각된다. 정도전이 이름 지은 그 건물들은 무너지고 다시 짓고, 또 무너지고 다시 짓는 수난의 역사를 거쳐 왔다. 그리고 지금, 비록 정도전이 당당한 태도로 이름 짓던 때의 그 건물은 아니지만, 충실하게 복원되어 그 이름 그대로의 현판을 달고 우리 앞에 서 있다. 그곳을 거닐 때 정도전의 글을 떠올리며 그의 마음도 느껴보신다면 어떨지…… 경복궁이 사라지지 않는 한 정도전의 글에 담긴 마음은 "계승하고 또 계승하여 천만대에 전해질" 것이다.

1장을 맺음하며

경복궁을 머릿속에 그려볼 때마다 제일 먼저 생각나는 인물은 역시 정도전이다. 조선을 개국하는 데 가장 큰 역할을 하였고, 경복궁을 설계하였으며, '경복궁'이란 이름을 지었고, 경복궁 내 주요 전각에 대한 이름도 모두 지은 사람이 정도전이기 때문이다. 그야말로 경복궁은 정도전의 인생 역정을 상징하는 가장 큰 결실이라 해도 좋을 것이다.

하지만, 정도전이 경복궁에 대한 글을 남기지 않았다면 그의 내밀한 생각은 전혀 알 수 없었을 것이다. 『태조실록』에 단지 "정도전이 새 궁궐의 이름을 '경복'이라 지었다", "정도전이 경복궁 내 정전의 이름을 '근정전'이라 지었다"와 같은 기록만 있었다고 한다면 얼마나 허전했을 것인가? 그러한 까닭에 정도전이 남긴 몇 편의 글이 참으로 소중하게 다가온다. 그리고, 그 몇 편의 글들을 우리는 꽤 깊이 있게 읽어보았으니 마음속 자랑으로 여기셔도 좋을 것 같다.

마음속 자랑을 다시 상기해보자. 정도전은 〈경복궁〉 글을 시작하자마자 이렇게 말하였다. "신(臣)은 생각하건대, 궁궐이란 임금이 정사를 다스리는 곳이요, 사방이 우러러보는 곳이요, 신민들이 다 나아가는 곳이므로, 제도를 장엄하게 해서 존엄함을 보이고 이름을 아름답게 지어 보고 듣는 자를 감동하게 해야 합니다." 정도전의 당당한 태도가 확연히 느껴지는 문장이다. 특히 '이름을 아름답게 지어 보고 듣는 자를 감동하게 해야 합니다.'라는 말이 긴 여운을 남긴다.

〈경복궁〉 글을 마무리하면서는 다음과 같이 역설하기도 했다. "편안하게 넓은 집에서 살 때에는 가난한 선비들을 보호할 것을 생각하고, 서늘하게 전각에서 살 때에는 맑은 그늘을 나누어 줄 것을 생각하여야 만민들이 받드는 의의를 저버림이 없을 것입니다." – 여러 번을 반복해 읽어보아도 더없이 좋은 말이다. 왕이 있고, 신하들이 있고, 그들이 모인 경복궁이 있는 이유가 다름 아닌 백성들을 위해 있는 것임을 분명하게 선언한 것인데, 그 선언을 문학적으로 하였다. 그래서 더욱 마음에 남는다.

〈근정전·근정문〉에서는 글의 첫머리에서부터 "천하의 일이 부지런하면 다스려지고 게으르면 망하는 것은 필연의 이치입니다. 작은 일도 그러하거늘 하물며 정사(政事)와 같은 큰 일은 어떠하겠습니까?"라고 일갈하였다. '부지런할 근(勤)' 자를 이름에 썼고, 이 글자가 핵심이기 때문에 '부지런함'에 대해 한 마디로 설파한 것인데, 더 보탤 말이 생각나지 않을 만큼 명쾌하다. 무슨 말을 더하겠는가? 부지런하면 다스려지고 게으르면 망하는 것이다.

하지만 반전이 있었으니 "그러나 다만 인군이 부지런해야 한다는 것만 알고 부지런해야 하는 까닭을 알지 못한다면 끝내 그 부지런함은 번잡하고 까다롭게만 될 뿐이므로 볼만한 것이 못될 것입니다."라고 하였다. 그리고는 부지런해야 하는 까닭, 즉 무엇에 부지런해야 하는지를 짧고 굵게 제시하였는데, 신권 정치를 추구하였던 정도전의 생각이 잘 드러나 있었다.

글을 시작하자마자 핵심부터 찌르고 들어가는 것은 〈사정전〉에서도 마찬가지였다. 정도전은 이렇게 말하였다. "천하의 이치는 생각하면 얻고 생각하지 않으면 잃습니다." – 근정전이 왕실의 큰 행사를 위한 공간이라면, 사정전은 실제의 국정을 관장하는 집무 공간인데, 그러한 공간의 성격에 맞게 '생각할 사(思)'자를 이름에 넣었고, '생각하면 얻고 생각하지 않으면 잃습니다'라는 더없이 명쾌한 설명도 덧붙인 것이다.

글의 마지막에서는 다음과 같이 말하였다. "이 궁궐에서는 매번 조회 때마다 이곳에서 국사를 의논합니다. 그리하여 만 가지 일이 겹쳐 이르는데, 모두 전하께 전달되어 조칙을 내리고 지휘를 하게 되니 더욱 생각을 하지 않을 수 없는 것입니다. 이에 신이 청하기를 '사정전(思政殿)'이라고 이름 지었습니다." – 읽고 나면 왜 '사정전'인지 수긍하게 된다.

끝으로 우리는 〈강녕전〉을 보았다. 글의 첫머리에서 정도전은 왜 임금의 침전 이름을 '강녕전'이라고 했는지 분명하게 설명하였다. "신은 상고하건대, 『서경(書經)』의 「홍범(洪範)」 아홉째 장에 나오는 오복(五福) 중에서 세 번째가 '강녕(康寧)'입니다. 대개 인군이 마음을 바르게 하고 덕을 닦아 지극히 올바른 도를 세우면 오복(五福)을 누릴 수가 있습니다. 강녕은 바로 오복의 하나인데 그중에서 강녕만 든 것은 그것을 들면 나머지는 모두 포함되기 때문입니다."

앞에서도 말했듯이 '강녕'은 '건강과 안녕'이다. 정도전이 보기에 강녕은 오복을 포괄할 수 있다. 따라서 임금이 오복을 누리라는 뜻에서 임금의 침전을 '강녕전'이라 이름 지은 것이다. 그런데, 오복은 그냥 주어지지 않는다. 인군이 마음을 바르게 하고 덕을 닦아 지극히 올바른 도를 세워야만 오복을 누릴 수 있는 것이다. 이러한 생각은 글의 마지막에서도 표출되었다. "원컨대 전하께서는 무공의 시를 본받아 안일을 경계하고 경외심을 보존하여 지극히 올바른 복을 누리소서." – 당부와 기원이 한 문장 속에 있다. 정도전이 '강녕전'이라는 이름에 어떠한 마음을 담았는지 충분히 알 것 같다.

정도전은 애초에 '이름을 아름답게 지어 보고 듣는 자를 감동하게 해야 합니다.'라고 하였다. 우리가 본 이름은 경복궁(景福宮), 근정전(勤政殿), 사정전(思政殿), 강녕전(康寧殿)이다. 이름 지은 사람이 이름에 담은 뜻을 설명한 글도 우리는 보았다. 독자 여러분께 여쭙는다. 정도전이 지은 이름들이 아름다우신지요? 이 이름들을 보고 들으며 감동하시는지요?

2
경복궁에서의 백구십칠년

2. 경복궁에서의 백구십칠년

『태조실록』에 의하면 태조 4년(1395) 12월 28일, "새 궁궐로 들어갔다(入新闕)"는 기록이 보인다. 이날부터 왕실의 경복궁 살이가 시작된 것이다. 왕실이 궁궐에 들어왔다면 수많은 사람들이 따라오게 마련이다. 그리고, 새 왕조를 함께 이끌어갈 문무백관들도 이날부터 경복궁으로 출근했을 것이다.

이렇게 경복궁에서의 새로운 생활이 시작된 때로부터 1592년 임진왜란이 발발하여 전각들 모두가 불에 타기 전까지 197년이라는 시간이 있었다. 짧다고는 할 수 없는 시간이었지만 그 시간 동안 경복궁이 온전히 사용되었던 건 아니다.

태조가 경복궁에서 생활하며 재위했던 기간은 3년이 채 되지 않으며, 왕자의 난이 발생한 후 떠맡듯이 왕위에 오른 2대 왕 정종은 개성의 수창궁으로 황급히 돌아갔다. 3대 왕 태종도 수창궁에서 즉위식을 올렸으며, 다시 한양으로 돌아왔을 때는 창덕궁을 새로 지어 나갔다. 다만, 태종은 경복궁에 대한 유지 보수에 공을 들였고 경복궁을 자주 찾긴 하였다. 태종의 아들 세종도 창덕궁과 경복궁을 오가며 생활하긴 했지만 경복궁에 상당한 공을 들였고, 제2의 창건이라 할 만큼 많은 전각들을 중건·신축하였다. 그러나 7대 왕 세조 때부터 왕실은 창덕궁으로 옮겨졌으며, 이따금 경복궁에서 머문 적도 있었지만, 14대 왕 선조 때까지 주된 거처는 계속 창덕궁이었다. 물론 이때에도 경복궁이 그냥 방치되었던 것은 아니다. 각종 의례나 중요한 공식 행사가 있을 때에는 경복궁을 사용하였다. 경복궁은 여전히 법궁의 지위를 잃지 않았으나, 평상시의 집무와 생활은 창덕궁에서, 공식 행사는 경복궁에서 치르는 2궁 체제가 임진왜란 전까지 이어졌던 것이다. (이상의 내용은『조선왕조실록』및 임석재,『예로 지은 경복궁』(2015)을 참고하여 서술하였다.)

태종 이방원이 경복궁에 머물지 않고 창덕궁을 새로 지어 나간 이유는 금방 이해가 된다. 자신의 이복동생을 죽인 곳이 경복궁이었기 때문이다. 정몽주도 죽이고 정도전도 죽였던 이방원이었지만 같은 아버지를 둔 동생을 죽였다는 것은 쉽게 가시지 않는 죄책감을 안겼을 것이다. 다만 위에서도 언급하였듯이 태종 이방원은 경복궁에 대한 존중은 잃지 않았다. 이방원이 아버지와 대립하긴 했어도 효심은 컸다고 하는데, 아버지에 대한 죄책감도 그만큼 컸을 것이다. 그러하기에 아버지가 조선 건국 후 가장 공을 들인 한양 천도의 상징적 결실인 경복궁을 끝내 외면하지는 못했던 것 같다.

태종은 그렇다고 하고, 태종 이후의 임금들은 왜 창덕궁을 더 선호했던 것일까? 태종이 창덕궁을 새로 지었다고 해도 다시 경복궁에서 집무와 생활을 하며, 창덕궁은 별궁처럼 사용해도 됐을 텐데 왜 창덕궁에 계속 머물려 했던 것일까? 이에 대해 여러 가지 추측들이 존재하지만, 사실 경복궁과 창덕궁을 모두 가 보신 분들이라면 어렵지 않게 답을 내릴 수 있으리라 본다. 두 궁궐을 모두 가 보고 "당신이 조선의 왕이라면 어느 궁에 살고 싶은가?"라고 물었을 때 아마도 대부분은 창덕궁을 택할 것이라 생각되기 때문이다.

창덕궁이 산자락 아래에 포근히 감겨 있는 느낌이라면, 경복궁은 벌판 위에 차렷 자세를 하고 있는 듯한 긴장감이 느껴진다. 물론 경복궁도 중국의 자금성에 비한다면 훨씬 인간적인 안온함이 있으며, 경회루로 대표되는 아름다운 연회 공간이 존재하고, 북악산과 인왕산을 곁에 둔 자연친화적인 면모도 있지만, 아예 산 속 별장과도 같은 창덕궁과 비교한다면 틀이 딱 잡힌 엄숙함이 감도는 것이다. 비유하자면 경복궁은 엄격한 아버지, 창덕궁은 자애로운 어머니의 품 같은 면모가 있다 할 것이다.

물론 이러한 생각들은 모두 추측에 불과하며, 조선의 왕들에게는 또 다른 이유가 있었을지 모른다. 중요한 것은 임진왜란 전까지의 197년 동안 경복궁은 왕을 비롯한 문무백관들의 주된 활동 공간이 아니었다는 것이다. 하지만 이를 뒤집어 생각하면 주된 활동 공간은 아니었다 해도 여전히 경복궁에서 많은 일들이 벌어졌으며, 왕과 신하들의 어우러짐 또한 적지 않았다고 해석할 수 있다. 실제로 『조선왕조실록』을 보면 이 시간 동안 경복궁에서 상당히 많은 활동들이 있었으며, 각종 고문헌을 보아도 경복궁과 관련된 시문들은 계속해서 배출되었다. 지금부터 우리는 그러한 시문들을 보도록 할 것이다.

많은 글들이 창작되었고 지금까지 남아있지만 그것을 다 볼 수는 없으며 군이 다 볼 필요도 없을 것이다. 그래서 나름의 선별을 거쳤다. 우선 앞 장에서 볼 수 없었던 경회루에 대한 글부터 보도록 하자.

하륜, 〈경회루기〉

'하륜(河崙, 1347~1416)'이란 인물이 등장하였다. 근정전이나 사정전을 말할 때 정도전의 글부터 봐야 하는 것처럼 경회루에 대해 말한다면 하륜의 글부터 보아야 한다. '경회루'란 이름을 정한 사람이 하륜이고, 경회루의 완공과 동시에 임금의 명을 받아 글을 지은 사람도 하륜이기 때문이다. 정도전과 닮은 면이 있어 보인다. 실제로 그러했다. 고려 말 당대 최고의 학자였던 이색(李穡, 1328~1396)은 우수한 인재들을 모아 성리학을 교육하였는데, 제자들의 면면을 나이순으로 보자면 정몽주(鄭夢周, 1337~1392), 정도전, 이숭인(李崇仁, 1347~1392), 하륜, 권근(權近, 1352~1409) 등 그야말로 고려 말의 기라성같은 수재들은 거의 다 집결되었다 해도 과언이 아니다. 이들을 신진사대부라 하며, 정도전과 하륜은 동문수학한 사이였다. 나이는 하륜이 5살 아래다.

정도전과 하륜은 고려 말부터 관직에 올라 조선 개국 뒤에도 높은 직위에 있었던 공통점이 있는데, 가장 중요한 공통점은 이성계의 오른팔이자 최측근 브레인이 정도전이었다면, 이방원의 오른팔이자 최측근 브레인은 하륜이었다는 것이다.

다만, 정도전은 조선 개국 후 제대로 뜻을 펼쳐보지도 못하고 6년 만에 이방원에 의해 살해되었지만, 하륜은 태종 시대에 왕의 절대적인 신임을 받으며(최고 관직인 영의정에 세 차례나 임명되었다) 마음껏 부귀영화를 누리다가 70세까지 천수를 누렸다는 차이점이 있다. 또한, 정도전이 그야말로 원칙주의자로서 강직한 삶을 살았다면, 하륜은 개인적 비리도 많았고 탐욕스럽게 재산을 모은 인물이었다. 그리고, 또 하나의 결정적인 차이점이 있다면 정도전이 조선의 건국 철학을 제시할 만큼의 큰 사상가인데다가 문장에도 뛰어났었던 반면, 하륜은 사상도 문장도 상당히 우수하긴 했지만 정도전에 비할 바는 못 된다는 것이다.

물론 정도전에 비했을 때 뒤떨어진다는 것이지 하륜도 대단한 인물이었음을 부정할 수는 없을 것이다(조선왕조 500년을 다 살펴보더라도 정도전에 비해 뒤떨어지지 않을 인물은 손가락에 꼽을 정도일 것이다). 대단한 인물이 아니었다면 그 자신이 탁월한 능력을 갖춘 태종이 최측근으로 신임하며 세 번이나 영의정으로 임명했을 리가 없다. 그런 점을 염두에 두고서 하륜의 글을 보도록 하자.

먼저 '경회루'라는 이름이 처음 지어지게 된 내막부터 보고자 한다. 『태종실록』 태종 12년(1412) 5월 16일자 기사이다.

경회루 경회루는 더 무슨 말이 필요하지 않은 걸작이다. 건물의 생김새도 빼어나지만 사각형의 큰 연못 위에 자리한 그 배치가 참으로 탁월하다. 이에 더해 북악산과 인왕산이 곁을 둘러주고 있으니 그 아름다움이 더욱 배가된다. 지금 우리가 보는 경회루는 고종 때에 새로 지은 것인데, 일제강점기와 6·25전쟁을 거치면서도 무너지지 않고 살아남았으니 그저 고마울 따름이다.

경복궁 새 누각의 이름을 '경회(慶會)'라고 이름 지었다. 임금이 경회(慶會)·납량(納凉)·승운(乘雲)·과학(跨鶴)·소선(召仙)·척진(滌塵)·기룡(騎龍) 등의 이름을 가지고 지신사 김여지(金汝知)에게 보이며 말하였다.

"내가 이 누각을 지은 것은 중국 사신에게 잔치하거나 위로하는 장소를 삼고자 한 것이요, 내가 놀거나 편안히 하자는 곳이 아니다. 실로 모화루(慕華樓)와 더불어 뜻이 같다. 네가 가서 하륜에게 일러 이름을 정하여 아뢰어라."

김여지가 복명하였으며, 경회루로 정하였다.

태종이 새 누각의 이름에 대한 여러 개의 후보군을 먼저 정하였고, 이를 하륜에게 보내 하나를 고르도록 했다는 것이다. 경복궁의 주요 전각에 대한 이름 짓기를 전적으로 정도전에게 일임한 태조와는 확실히 다른 면모이지만, 하륜을 얼마나 신임했는지를 엿볼 수 있는 대목이기도 하다. 태종도 누각의 이름을 지을만한 충분한 능력을 갖추고 있었지만(이방원은 고려 말의 문과 급제자이며, 이성계의 아들 중 유일한 문과 급제자이기도 하다. 이방원의 후손들은 왕실에 속하므로 과거 시험을 볼 필요가 없으니 따져보면 조선 왕 중에 문과 시험 급제자는 이방원이 유일하다), 여러 이름을 제시하며 최종 결정은 하륜에게 맡긴 것이다.

이에 하륜이 '경회'를 낙점했기에 결국 새 누각의 이름은 '경회루'가 된 것인데, 태종이 제시한 다른 후보군들을 보자면 납량(納凉; 더위를 피해 서늘함을 누림. '납량특집' 할 때의 그 '납량' 맞다), 승운(乘雲; 구름을 탄다), 과학(跨鶴; 학을 타고 넘는다), 소선(召仙; 신선을 부른다), 척진(滌塵; 세속의 먼지를 씻는다), 기룡(騎龍; 용을 탄다)이다. 아무리 보아도 대충 지은 느낌이 역력하다. 태종이 이미 '경회'라 이름 짓고 나머지는 구색만 갖추고서 하륜에게 고르라고 한 것 같은 생각이 들 정도이다. '경회'를 가장 처음에 적은 것도 더욱 그런 의심을 들게 한다.

태종은 잘 알려져 있다시피 탁월한 정치적 감각을 갖추고 있는 사람이다. 따라서 하륜에게 '너는 확실히 내 사람이다'라는 것을 인지시키기 위해 이러한 선택권을 준 것일지도 모른다. 이름을 선택하라는 어명을 받은 하륜은 얼마나 감격스러웠겠는가? (물론 이것은 태조가 정도전에게 경복궁의 이름을 짓도록 한 것과는 사뭇 느낌이 다르다. 태조가 정도전에게 내린 어명은 '당신 뜻대로 하라. 나는 그 뜻에 따르겠다'라는 것이었다면, 태종이 하륜에게 내린 어명은 '내가 당신을 이만큼 생각한다. 그러니 죽을 때까지 나한테 충성을 다해야 한다'라는 느낌으로 다가온다.)

'경회(慶會)'는 '경사 경(慶)', '모일 회(會)'자를 쓴다. '경사스러운 모임(연회)'이라는 뜻이다. 경회루가 외국 사신을 맞이하고, 임금과 신하가 연회를 벌이는 공간임을 생각해본다면 더없이 좋은 이름이다. '경회루'라는 어감도 좋아서 '납량루', '척진루', '기룡루'가 아닌 것이 참 다행스럽다.

이제 하륜의 〈경회루기〉를 보면서 자세한 이야기를 들어보도록 하자. 처음부터 보겠다.

전하(태종)께서 즉위하신 지 13년 봄 2월 되던 때에 대궐 서루(西樓)가 기울어지고 위태하므로 경복궁 제거사(提擧司)에서 의정부에 보고하고 전하께도 아뢰니, 전하께서 놀라 탄식하며 이르시기를, "우리 선고(先考)께서 창업하시고 처음으로 세우신 것인데, 이제 벌써 그렇게 되었단 말이냐?" 하시면서, 곧바로 공조판서 박자청(朴子靑) 등에게 하명하시기를, "농사 때가 가까웠으니, 아무쪼록 놀고먹는 자들을 부려서 빨리 수리하도록 하라." 하셨습니다. 이에 박자청 등은 지면을

살펴 살짝 서쪽으로 당기고, 그 터에 맞추어 약간 규모를 넓혀서 새로
지었으며, 또한 그 땅이 습한 것을 염려하여서 누(樓) 주위에 못을 팠
습니다.

　이 글을 통해 확인할 수 있듯이 태종대에 경회루를 짓기 전까지
는 그냥 '서루(西樓)'라 부르던 누각만이 있었고, 이 누각은 태조가
경복궁을 창건할 때 세운 것이었음을 알 수 있다. 서루는 지금 우리
가 알고 있는 경회루에 비해서 훨씬 작은 규모의 누각이었다고 한
다. 그러한 누각이 기울어지고 위태해지자 태종에게도 보고가 올라
왔고, 이에 태종이 "우리 선고(先考)께서 창업하시고 처음으로 세우
신 것인데, 이제 벌써 그렇게 되었단 말이냐?"라고 했다 한다. 선고
(先考)는 당연히 태종의 아버지인 태조를 가리키는 말인데, 태종이
아버지에게 저지른 불효를 생각해보면 이 말이 다소 가식적으로 들
릴지 모르겠다. 불효를 저지르지 않았다면 이방원이 왕이 되는 일도
없었을 것이므로 더욱 그런 느낌이 들 수 있다.

　태조 이성계가 사망한 것은 1408년이고, 경회루를 새로 지은 해
는 1412년이므로 태종이 위와 같이 말한 때는 아버지가 돌아가시
고 4년이 지난 뒤였다. 앞에서도 언급하였듯이 태종이 아버지의 뜻
을 심하게 거스른 것은 분명한 사실이지만, 그만큼 죄책감도 컸으리
란 건 충분히 짐작할만하다. 게다가 아버지가 돌아가시고 난 뒤이니
아버지를 떠올릴 때마다 그 마음이 무척 괴로웠을 것이다. 그렇게
보자면 아버지가 세운 누각이 위태롭다는 보고를 듣고는 화들짝 놀

라면서 탄식의 말을 내뱉은 것이 마음에도 없는 가식 같지는 않아 보인다.

태종은 곧바로 보수 공사를 명하였는데, "농사 때가 가까웠으니, 아무쪼록 놀고먹는 자들을 부려서 빨리 수리하도록 하라."고 한 말도 그냥 지나치기 어렵다. 정도전의 글에서도 보았지만, 궁궐 공사를 시행할 때에 백성들의 피해를 최소화해야 한다는 생각은 당시의 권력자들에게 확고부동한 신념이었음을 짐작할 수 있기 때문이다.

한편, 태종이 공사를 하명했을 때 '박자청'이란 이름이 등장한다. 박자청(朴子靑, 1357~1423). 그는 우리가 꼭 기억해둘 만한 조선 전기의 천재적인 건축가였다. 본래 노비 출신이었지만, 건축·토목 공사에 관해서는 굉장한 능력을 발휘해서 정2품 판한성부사(오늘날의 서울시장)까지 역임한 사람이다. 태조 때부터 활동하여 세종 5년(1423)에 사망하였는데, 특히 태종의 큰 신임을 받아서 경복궁 경회루를 비롯한 창덕궁의 주요 전각 및 시설, 청계천, 성균관 문묘, 태조의 능인 건원릉, 태종의 능인 헌릉 등의 공사를 주도하였다. (태종의 능인 헌릉이 박자청의 마지막 공사였다고 하는데, 자신을 가장 신임해준 임금의 능이 그의 마지막 작품이었다는 점은 마음에 오랜 여운을 남긴다.)

박자청은 노비 출신이었으나 뛰어난 기술자였다는 점에서 장영실(蔣英實, ?~?)과도 유사한 점이 있는데, 장영실은 현대 한국 사회에서 장영실상(과학기술부가 후원하는 산업기술 분야의 최고 상)도 매년 시상자를 배출하고 있고, 초등학생들도 장영실을 알 만큼 높은 명성을 얻고 있지만, 박자청은 관련 전문가가 아니면 거의 아는 사람이

밤의 경회루 경복궁 야간개장 덕분에 이렇듯 어두운 밤에도 경회루를 볼 수 있게 되었다. 조명을 잘 설치해두어서 경회루의 색다른 아름다움을 한껏 감상할 수 있다.

없을 만큼 잊혀진 존재가 된 것 같다. 고백하자면 이 글을 쓰고 있는 필자 역시 하륜의 〈경회루기〉를 읽으면서 박자청에 대해 처음 알게 되었는데, 우리가 충분히 자랑스러워할 만한 뛰어난 인물이었음은 의심의 여지가 없을 듯하다. (박자청에 대해 궁금하신 분들은 인터넷 검색만 해보아도 좋은 글들이 많으니 찾아보시기 바란다. 박자청이 지금보다는 더 알려지고, 우리에게 긍지를 주는 자랑스러운 인물로 널리 조명되기를 소망한다.)

글을 더 보도록 하자.

완성된 이후 전하께서 거동하시어 올라 보시고 말씀하시길, "나는 이전 형태를 그대로 두고 수리만 하려는 것이었는데, 이전보다 과하지 않느냐?" 하시니, 박자청 등이 땅에 엎드린 채 아뢰기를, "신 등은 후일에 또 기울어지고 위태하게 될까 두려워서 이와 같이 하였사옵니다."라고 하였습니다. 이에 종친·훈신·원로들을 소집하여 함께 즐기시며 누각의 이름을 '경회(慶會)'라 하고, 신 하륜(河崙)에게 명하시며 기문(記文)을 지으라 하셨는데, 저는 글이 졸렬하지만 감히 사양할 수 없었습니다.

앞서 말했듯이 경회루 이전에 있었던 누각은 그리 큰 규모가 아니었다고 한다. 그런데 박자청이 새로 대규모의 누각을 완성해내자 태종이 놀랐던 것이다. 글 전체에서 느껴지는 분위기를 보면 태종이 크게 화를 냈던 것 같지는 않고, 박자청의 해명을 듣고는 마음을 가라앉히며 이내 잔치 분위기로 돌아섰던 듯하다. 누가 보더라도 멋들어진 누각이 경복궁 내에 건립되었으니 '이전보다 과하지 않으냐?' 정도로 한 마디 할 수는 있어도 굳이 역정을 내며 싸늘한 분위기를 만들 필요까지는 없었을 것이다.

그런데, 이때 박자청이 지은 경회루는 임진왜란 때 완전히 불타 돌기둥만 남았으며, 고종 때 새로 지은 것이 지금 우리가 보는 경회루이다. 박자청이 지은 경회루는 지금의 경회루보다 규모는 다소 작았어도 훨씬 더 화려했다고 한다. 또한, 네모반듯한 경회루 앞의 연못은 박자청이 새로 조성한 것인데, 이 연못이 없었다면 경회루의 아름다움도 한층 반감되었을 것임을 생각해본다면 박자청의 탁월한 미적 감각을 짐작해볼 수 있는 것이다.

태종은 종친·훈신·원로들을 소집하여 함께 즐겼는데, 하륜은 여기에서 "누각의 이름을 '경회(慶會)'라 하고"라 하면서 짧게 언급하고 끝냈다. 사실은 태종이 여러 후보군을 주면서 고르라고 하였고 하륜이 '경회'를 낙점한 것인데, 그 이야기는 전혀 하지 않은 것이다. 하륜으로서는 대단히 영광스럽고 자랑스러운 사실이었을 텐데도 만약 그 이야기를 기문에 썼다면 자칫 건방지게 보일 수 있다는 것을 의식했던 것 같다. 태종 집권기 내내 최고의 권력자 자리를 놓치지 않은 처세술은 이런 데서도 엿볼 수 있는 것이다.

그리고, "신 하륜(河崙)에게 명하시며 기문(記文)을 지으라 하셨는데"라는 언급은 주목해볼 만하다. 본래 '기(記)'라는 양식은 상당히 오랜 전통을 가지고 있는데, 우리나라에서도 신라 시대 최치원의

조금 멀찍이서 본 경회루 연못을 넓게 조성하고 누각의 규모도 크게 한 박자청의
선택은 탁월했다고 생각된다. 경복궁에 경회루가 없었다면 얼마나 허전했을까?

기가 남아 있을 만큼 그 연원이 오래되었다. '기' 양식으로 쓰인 글
을 '기문'이라 하며, 앞에서 본 정도전의 글도 제목 끝에 '기'란 말만
붙어 있지 않을 뿐 기문으로 간주된다. 그래서, 아예 그 제목을 〈경
복궁기〉, '〈사정전기〉'와 같이 쓰는 사람들도 적지 않다.

    '기' 양식에도 여러 종류가 있는데, 특히 사대부들이 즐겨 썼던 기문은 건물에 대한 기문이다. 거처하게 될 집, 벗들과 어울리는 정자, 관청의 누각 등을 새로 짓거나 보수 공사를 완료했을 때 거의 빠짐없이 기문을 지었고, 이러한 기문은 현판으로 제작하여 처마 밑에

걸어두는 경우도 많았다. (전통 건물에서 이러한 기문 현판을 보신 경험
이 최소 한두 번은 있으실 것이다. 다만, 궁궐 전각에는 기문 현판이 걸려 있
는 경우가 거의 없다.)

기문에는 보통 건물의 조성 과정에 대한 기록, 건물 주변의 풍광
에 대한 묘사, 건물 주인의 살아온 행적이나 특징적인 일화, 건물 이
름과 관련된 철학적 담론 등이 서술되어 있는데, 작자들이 자기 생
각을 충분히 드러낼 수 있는 양식이어서 작품성도 높은 편이고, 옛
문사들의 생각을 살피기에도 좋은 한문학 유산이다.

기문은 건물 주인이 직접 짓는 경우도 있지만, 대체로 건물 주인
의 인척이나 지인 중에서 명망이 높은 유명인사에게 청탁해서 짓는
경우가 훨씬 많았다. 이처럼 기문을 짓는 전통은 상당히 보편화된
문화였으며, 이는 궁궐에서도 다르지 않아서 태종이 경회루의 완공
을 보자마자 하륜에게 기문을 지으라고 명한 것이다. (왕이 신하에게
의뢰한 것이니 당연히 '청탁'이 아니라 '어명'이다.)

하륜은 기문을 지으라는 어명을 받고나서 "저는 글이 졸렬하지
만 감히 사양할 수 없었습니다."라고 하였다. 다분히 형식적인 겸양
의 표현이지만, 조선의 지식인들에게 이는 필히 갖추어야 할 태도
였으며, 여기에는 왕도 예외가 아니었다. 물론 오늘날에도 필자들이
책의 서문에서 겸손한 말을 하는 것은 흔히 보는 것이지만, 조선 사
회에서는 이것이 보다 철저하게 내면화된 불문율 같은 것이었다는
느낌을 받는다. 다시 말해 자신을 최대한 낮추는 태도를 보이는 것
이 당연시되었고, 거의 정형화된 패턴처럼 겸양의 표현이 따라붙는

다는 것이다. (예전에 어떤 선생님에게서 들은 말씀인데, 조선 후기에 한 서생이 국내 최고의 명필로 인정받는 노대가를 찾아뵌 일이 있었다고 한다. 서생이 노대가에게 "선생님, 서예에서 일가를 이루셨다는 고명을 듣고 찾아뵈었습니다."라고 하자, 노대가가 이렇게 대답했다고 한다. "일평생 종이나 더럽혔을 뿐이지요.")

하륜은 글이 졸렬하지만 감히 사양할 수 없다고 하면서 글의 본격적인 시작을 알렸다. 이어지는 내용이 꽤 길지만 중간 부분은 생략하겠으며, 이 글의 핵심이라 할 수 있는 결말부만 보고자 한다. 바로 들어가겠다.

누각을 다시 세우는 것은 마치 나라를 다스리는 것과 유사한 점이 있습니다.

글이 결말부에 이르면서 위와 같은 말이 선언처럼 제시되는데, 이후 경회루의 여러 시설물과 국정의 운영을 하나하나 비유해낸 것을 볼 수 있다. 하륜이 어떠한 비유들을 구사하였는지 차례대로 보도록 하자.

기울고 위험한 것을 반듯이 하고 안전하게 한 것은 선대의 업을 보존한 것이며, 흙을 단단히 쌓고 습기를 제거하는 것은 나라의 터선을 견고히 한 것이며, 기둥과 주춧돌을 크게 한 것은 무거운 짐을 지는 자는 빈약해서는 안 되기 때문이며, 지도리와 문설주를 갖춘 것은 작은 일을 맡은 자는 커서는 안 되기 때문입니다.

전체 구조에서 시작해서 아래에서 위로 가는 순서를 보여준다. 즉, 전체 구조-건물의 기반-기둥과 주춧돌-지도리와 문설주 순으로 열거하였는데, 이는 건물을 짓는 순서와도 일치하는 것이어서 하륜이 의도적으로 그렇게 쓴 것임을 짐작할 수 있다.

벌써 4가지 비유가 나왔는데, 모두 수긍이 갈 만한 것이다. 다만, "기둥과 주춧돌을 크게 한 것은 무거운 짐을 지는 자는 빈약해서는 안 되기 때문이며, 지도리와 문설주를 갖춘 것은 작은 일을 맡은 자는 커서는 안 되기 때문입니다."라는 부분은 약간의 설명이 필요할 듯하다.

역량이 못 미치는 사람에게 과중한 업무를 부과하면 마치 지붕은 무거운데 기둥과 주춧돌이 빈약한 것과 같을 것이다. 이러하다면 건물은 오래 버티지 못하고 무너지게 된다. 또한, 역량이 뛰어난 사람에게 사소한 업무만을 맡긴다면 마치 지도리(문을 열고 닫을 수 있게 설치하는 경첩 등을 통칭함)와 문설주(문의 양쪽에 세워 문짝을 끼워 달게 한 기둥)를 갖추는 데에 커다란 쇠붙이와 커다란 재목을 쓰는 것과 같을 것이다. 경첩이 커다란 쇠붙이로 되어 있다고 가정해보자. 경첩에 문을 달아매어야 하는데, 정작 경첩이 너무 커서 문보다 크다면 문을 설치할 수가 없게 된다. 이처럼 사람의 역량에 따른 인사의 중요성을 건축 재료의 비유를 통해 선명하게 드러낸 것이다.

계속 보도록 하자.

처마의 기둥을 탁 트이게 한 것은 총명을 넓히려는 것이며, 높은 층계는 등급을 엄하게 한 것이고, 내려다보면 반드시 두려워지도록 한 것은 경외(敬畏)하는 마음을 갖도록 한 것이며, 멀리 두루 볼 수 있도록 한 것은 포용을 위한 것입니다.

"처마의 기둥을 탁 트이게 한 것은 총명을 넓히려는 것이며"라고 한 것은 인재 양성, 즉 교육의 중요성을 강조한 것이고, "높은 층계는 등급을 엄하게 한 것이고, 내려다보면 반드시 두려워지도록 한 것은 경외(敬畏)하는 마음을 갖도록 한 것이며"라고 한 것은 관료들 간의 위계질서를 분명히 해야 한다는 의미이기도 하고, 임금과 신하 간에 서로 존경하고 공경하는 마음을 가져야 한다는 의미이기도 할 것이다. 또한 위정자들이 백성들을 존경하고 공경해야 한다는 뜻으로도 해석할 수 있다. 이어서 "멀리 두루 볼 수 있도록 한 것은 포용을 위한 것입니다."라고 한 것은 사람을 품어주고 관용을 베푸는 포용의 정치를 해야 한다는 발언으로 이해할 수 있다.

경회루의 가장 큰 자랑이자 장점이 높은 위치에서 사방을 조망할 수 있어 궁궐 주위의 풍경이 한 눈에 들어온다는 것인데, 이를 '포용'이라는 가치와 연결 지은 것이 특히 돋보인다. 예나 지금이나 포용의 정치는 너무나도 중요한데, 경회루에서의 뛰어난 조망을 떠올리면서(혹은, 현장에서 직접 바라보면서) '포용'을 생각해낸 것이 아름답다.

이제 〈경회루기〉의 마지막 부분을 보겠다.

제비들이 들어오도록 한 것은 백성들이 기뻐하는 것이며, 파리를 머무르지 못하게 한 것은 간사한 자를 버리는 것이며, 사치스럽게 회화를 하지 않은 것은 제도 문물을 알맞게 하기 위한 것이며, 때에 맞추어 놀도록 한 것은 문왕과 무왕의 한 번 긴장시키고 한 번 풀어주는 적절한 다스림입니다. 이 누각을 오르고 내릴 때마다 이러한 생각을 하며 이를 따라 시행해 간다면 누각에서 얻는 것이 참으로 적지 않을 것이니 감히 이러한 말씀을 써둘 따름입니다.

제비와 파리의 비유가 약간 무리수 같기는 하지만 그 취지가 무엇인지는 충분히 공감할 수 있으므로 큰 거부감 없이 넘어갈 수 있을 것이다. 이어서 "사치스럽게 회

경회루 측면

경회루로 가는 돌다리를 건너기 위해서는 경회루 동쪽
담장의 이견문(利見門)을 통과해야 한다.
현재 이견문은 관람 시간 내내 열어두고 있는데,
이 문 앞에서 촬영한 경회루의 모습이다.
하륜의 글을 읽고 난 뒤에 보니 각각의 시설들이
새삼 다르게 느껴진다.

화를 하지 않은 것은 제도 문물을 알맞게 하기 위한 것"이란 말은 제도 문물에 대한 일을 처리할 때에도 사치하지 않고 절제할 줄 알아야 한다는 뜻으로 이해할 수 있다.

한편, "문왕과 무왕의 한 번 긴장시키고 한 번 풀어주는 적절한 다스림"이란 말은 전거가 있는 말인데, 『예기(禮記)』에 보이는 "당기기만 하고 풀어주지 않으면 문왕과 무왕의 다스림이라 할지라도 백성들이 따를 수가 없고, 풀어주기만 하고 당기지 않으면 아무리 문왕과 무왕의 다스림이라 할지라도 백성들이 행하지 않으니, 한 번 당기고 한 번 풀어주는 것이 바로 문왕과 무왕의 도이다(張而不弛 文武不能也 弛而不張 文武不爲也 一張一弛 文武之道也)"라는 문장에서 비롯된 것이다.

마지막으로 하륜은 "이 누각을 오르고 내릴 때마다 이러한 생각을 하며 이를 따라 시행해 간다면 누각에서 얻는 것이 참으로 적지 않을 것이니 감히 이러한 말씀을 써둘 따름입니다."라고 말하였다. 하륜이 비유해낸 경회루의 시설들을 다시 한번 간추려보자. 기둥과 주춧돌, 지도리와 문설주, 처마의 기둥, 높은 층계, 멀리 두루 볼 수 있는 조망, 제비와 파리, 사치스럽지 않은 회화 등이 차례로 열거되었다. 경회루를 방문한다면 모두 눈에 띌 수밖에 없는 것들이다. 따라서 왕이 경회루를 오르고 내릴 때마다 하륜이 써놓은 바와 같은 생각을 하며 이를 따라 시행해 간다면 경회루 건물 자체에서 얻는 교훈이 참으로 적지 않을 것이라는 소신에 찬 발언이라 할 수 있다.

지금까지 하륜의 〈경회루기〉 중에서 서두 부분과 결말부를 보았는데, 확실히 결말부가 이 기문의 핵심이자 특징이라 생각된다. 이렇게 건물의 각 부분들과 따라야 할 교훈을 비유로 연결하는 기문은 거의 찾아볼 수가 없기 때문이다. 하륜이 보여준 비유를 다시 한 번 보자면 다소 작위적으로 끼워 맞춘 것 같은 느낌도 없지 않지만, 무척 공교롭고 신선한 발상이 돋보인다는 점은 높이 사고 싶다.

경회루를 지은 주된 목적은 외국 사신을 맞이하고, 임금과 신하 간의 연회를 치르기 위함이었다. 그러한 정경을 담은 시들이 여러 편 있는데, 한 편씩 보고자 한다. 임금과 신하 간의 연회 모습을 그린 시부터 보겠다.

서거정, 〈경회루에서 연회를
베풀어주신 은혜에 감사하는 시〉

제목만 보아도 어떠한 상황에서 지은 시인지 대번에 알 수 있다. 경회루에서는 많은 연회가 열렸기에 이러한 시도 많이 지어졌으며, 미처 기록되지 못하고 사라진 시는 더욱 많을 것이다. 서거정(徐居正, 1420~1488)은 워낙 명망 있는 인물이었기에 『사가집(四佳集)』이라는 문집이 간행되었고, 문집 속에 이 시도 기록될 수 있었다.

서거정은 조선 전기를 대표하는 최고위급 관료로서 무려 여섯 임금(세종·문종·단종·세조·예종·성종)을 모셨고, 시와 문장으로도 이름을 떨친 인물이었다. 그는 23년간이나 대제학(大提學)을 역임하였는데, 대제학은 학문과 문장으로 당대 최고임을 인정받는 자리이다. 그러했던지라 문(文)의 나라였던 조선에서는 영의정·좌의정 같은 정승보다 대제학을 더 높게 쳐주었고, 집안에서 대제학이 나오면 가문의 최고 영광으로 여겼다. 서거정은 그러한 영광과 권력을

경회루 오르는 계단 이 계단은 왕만이 오를 수 있는 전용 계단이었다고 한다. 신하들이 오르는 계단은 저 반대편에 별도로 마련돼 있다. 경회루 오르는 계단은 꽤 가파르고, 가파른 만큼 좋은 풍광이 눈앞에 펼쳐질 것이라는 기대감을 갖게 한다. (현재 경회루를 올라가 보기 위해서는 경복궁 홈페이지에서 '경회루 특별 관람' 예약을 해야 하는데, 예약 성공이 무척 어렵다. 이 책의 사진 촬영을 위해 여러 번 시도한 끝에 예약에 성공했고, 난생 처음 경회루에 오를 수 있었다. 이 계단을 오르는 기대감이 각별했다.)

오랫동안 누렸던 인물로, 스스로 집필한 저술이나 편찬을 주도한 서책들도 상당히 많다.

　이와 같이 15세기 관학(官學)을 대표한다고 할 수 있는 서거정이 경회루의 연회에 대해서는 어떠한 시를 지었는지 보도록 하자. 모두 26줄로 이루어져 있는데, 중간 부분만 보도록 하겠다.

경회루 2층 지금의 경회루는 고종 때 세워진 것이기 때문에 서거정이 올랐던 경회루와는 다르지만, 전체적인 구조나 바라보이는 풍경은 거의 다르지 않았을 것이다. 경회루 2층에 올라보니 아래층에 있을 때와는 전혀 다른 시원한 바람이 불었고, 누각 너머로 풍경들을 바라보는 눈맛이 더없이 상쾌하였다. 그야말로 왕과 연회를 즐길만한, 명당 중에 명당이었다.

久旱天乃雨	오랜 가뭄 끝에 단비가 내리시니
萬物皆欣然	만물이 모두 기뻐한다네
於樂飮此禧	이에 즐거워서 음복하고자
秩秩開華筵	질서 정연히 화려한 주연 베푸니
薰風殿閣凉	훈풍(薰風)은 전각에 서늘하게 불어오고

白日天中懸	밝은 태양은 중천에 높이 떴도다
明良時際會	천재일우로 밝은 임금과 어진 신하 만나서
魚藻懽無邊	어조(魚藻)의 기쁨은 끝이 없건만
樂極不敢康	지극한 즐거움에 감히 편치 못하여
仁義爲周旋	인의(仁義)로써 처신한다네

그의 문집에 집필연도가 명시돼 있지 않아서 언제 쓴 시인지는 알 수 없다. 또한, 서거정이 여섯 임금이나 모신 인물이다 보니 어떤 임금과의 연회인지도 추측하기 어렵다. 자세한 내막은 알 수 없지만 시 내용만 보더라도 어떠한 분위기인지, 무슨 말을 하고 싶은 지는 어렵지 않게 이해할 수 있다.

이러한 찬양 시는 분위기에 맞추어 즉석에서 짓는 것이고, 주제와 목적이 이미 정해진 것이기 때문에 문학적으로 뛰어난 경우는 거의 없다. 즐거운 마음으로 임금을 찬양하고, 지금이 바로 태평성대임을 송축하며, 기분 좋게 시 한 수 읊으면 되는 것이다. 다만, 이런 상황에서도 몸에 축적돼 있는 학식과 문장력은 어디 가는 것이 아니기 때문에 그저 그런 시가 나오진 않는데, 위 시도 경사스러운 분위기에 맞는 수준급의 시라 생각된다.

시의 중간 부문만 가져온 것이므로 다소 무리는 있지만 위 내용만으로도 하나의 완결성을 보이기 때문에 여기에서는 위 내용만 가지고 살펴보고자 한다. 첫 번째 행부터 보자면 "오랜 가뭄 끝에 단비가 내리시니"라고 하여 고난이 해소되고 기쁨이 찾아든 분위기

경회루 2층 경회루는 우리나라에서 가장 규모가 큰 누각이지만, 누각 위로 올라와보면 전체가 트여있지 않고 이와 같이 세 겹의 구조로 되어 있다. 안으로 들어갈수록 한 칸씩 높아지며 가장 가운데 공간은 당연하게도 왕의 자리이다. 이곳에 신분별로 둘러앉아 연회를 벌였을 것이다.

경회루 2층 내부가 세 겹 구조로 되어 있기 때문에 각 기둥과 창호들의 중첩이 외부의 풍경과 함께 겹치는 경회루 내의 풍경을 이룬다. 누각 밖으로 전각의 지붕들이 보인다.

를 조성하고 있다. 거의 대부분의 백성들이 농업에 종사하는 조선에서 가뭄 끝에 단비가 내리는 것만큼 기쁜 일도 드물었을 것이다. 연회가 열리는 날 실제로 비가 왔다면, 그것도 가뭄 끝에 비가 왔다면 이는 놓칠 수 없는 호재였을 것이고, 임금께서 덕을 베푸셔서 하늘도 감동하였다는 의미로도 해석될 수 있다. 분위기에 딱 맞는 시구가 나오는 것이다. 아예 '단비' 자체를 '성은(聖恩)'으로 해석할 수도 있다. 서거정도 그러한 의도를 담았을지 모른다.

오랜 가뭄 끝에 단비가 내렸으니 바로 두 번째 행에서 "만물이 모두 기뻐한다네"로 연결하였다. 만물은 농작물이기도 하지만, 만백성이라 해도 될 것이요, 여기 모인 모든 신하들이라 해도 될 것이다. 그들이 모두 기뻐한다니 분위기는 제대로 만들어졌다.

세 번째 행은 "이에 즐거워서 음복하고자"인데, 여기서의 '마실 음(飮)'과 첫 번째 행의 '비 우(雨)'는 의미상 연결되는 시어라 할 수 있다. 즉, '비'와 '술'의 연결이며, '비가 오니 술맛 난다'라는 해석이 가능해진다. 시 안에서 술맛 나는 분위기를 이끌어낸 것이다. 물론 '비'도 '술'도 '임금의 은혜'를 암시한 것일 수 있다. '단비'와 '음복' 모두 임금께서 우리에게 베풀어주신 것. 서거정(뿐만 아니라 조선의 모든 사대부들)은 그렇게 생각했을 것 같다. "이 몸이 이렁굼도 역군은(亦君恩)이샷다"를 떠올려보시라. 그런 것이다.

이렇게 분위기가 무르익었으니 네 번째 행에서 "질서 정연히 화려한 주연 베푸니"라고 하였다. 말 그대로 판이 깔렸다. 이제 마음껏 한 번 놀아보자~ 그러나 뼛속 깊이 유학자들인 조선의 관료들은 그렇게 쉽게 풀어지지 않는다. 그렇다면 판이 다 깔렸는데 뭐라고 했을까?

다섯 번째 행은 "훈풍(薰風)은 전각에 서늘하게 불어오고"이다. '훈풍'은 『예기(禮記)』에 나오는 말로 옛날에 순임금이 오현금(五絃琴)을 만들어 타면서 남풍가(南風歌)를 지어 부르며 "훈훈한 남쪽 바람이여, 우리 백성들의 수심을 풀어 주소서. 남풍이 제때 불어옴이여, 우리 백성들의 재물을 풍부하게 해주소서(南風之薰兮 可以解吾民之慍兮 南風之時兮 可以阜吾民之財兮)"라고 했다는 구절에서 비롯된 것이다. 이 구절로 인해 '훈풍'은 성군(聖君)의 교화를 비유하는 말로 널리 쓰였다.

과거 문인들의 글에는 이렇듯 옛 경전이나 이백·두보·도연명 같은 탁월한 문장가의 글에서 일부분을 차용하는 일이 아주 많았다. 거의 필수 사항처럼 여겨졌는데, 한시에서 특히 그러했다. 옛날 사대부들의 교육 방식은 배웠던 책을 모두 외우는 것이 기본이었다. 사서삼경(四書三經)을 비롯하여, 『사기(史記)』와 같은 역사서, 이백·두보·도연명·소동파 같은 대가들의 시와 문장 등, 그 모든 것들이 전부 머릿속에 있었다. 요즘과는 달리 유통되는 책들의 가짓수가 많지 않았고, 필수 교과서라 할 만한 책이 정해져 있으며, 모든 사대부가의 자제들이 거의 같은 책을 가지고 공부를 하였기에 가능한 것일 수도 있었겠지만, 성현의 말씀은 당연히 외워서 내 몸과 하나가 되도록 해야 한다는 생각이 오랜 시간을 지배했던 것이다. (어린 시절부터 암기가 생활화되어 있으니 당연히 암기력도 높아졌을 것이고,

많이 읽다보면 비슷한 패턴들이 자주 반복되기 때문에 더 쉽게 외울 수 있었을 것이다. 이러한 학습법을 거의 평생 동안 하였으니 현대인들은 상상도 할 수 없는 암기가 가능했던 것이다. 더욱이 율곡과 같은 천재라면 훨씬 더 막대한 분량을 더 빠른 시간에 암기했을 것이다.)

또한, 글을 쓸 때는 옛 성현의 글을 적절히 차용해가며 써야 한다는 것을 어린 시절부터 반복적으로 숙달해가며 성장하기 때문에 이러한 차용을 너무도 자연스럽게 생각했다. 옛 성현의 글을 얼마나 적재적소에 잘 활용해 넣었고, 옛 성현의 글에 대한 지식의 폭과 깊이가 어느 정도인지가 글의 수준을 판가름하는데 매우 중요하게 작용했을 정도이다.

그래서 옛 문인들은 이와 같은 차용을 넘치도록 구사했고, 서로의 지식 바탕이 거의 동일하기 때문에 굳이 어느 책에서 차용해 왔는지를 밝히지 않아도 누구나 척 보면 척 아는 암묵적 동의가 오랜 세월을 이어져 왔다. '훈풍'과 같이 유독 많이 쓰는 표현들도 무척 많았기에 더욱 그러했다.

이런 과거 문인들의 관습 때문에 한시를 비롯한 한문 문장이 현대인들에게는 더 어렵게 느껴지는 것이다. 현대 한국어로 번역을 하더라도 차용한 출전들을 들어가며 일일이 설명하지 않으면 무슨 말인지 이해할 수가 없기 때문이다. 친절하게 하나하나 설명을 하더라도 출전 설명이란 것이 다소 어렵고 재미도 덜하기 때문에 가급적 줄이려 하지만, 아예 없애면 본문이 이해가 안 되는 난처함이 생기는 것이다. 이 점이 남녀노소 다양한 분들에게 다가가고자 하는 한

문학 연구자들의 고민이기도 하다.

　이 책에서는 출전 설명을 꼭 필요한 정도로만 제한하였고, 설명을 하더라도 가급적 쉽게 하려고 노력하였다. 천천히 읽어보면 출전에 대한 설명도 재미있고 배울 점도 있으니 마음의 여유를 갖고 읽어주시면 감사하겠다.

　다시 돌아오겠다. "질서 정연히 화려한 주연 베푸니"라고 하며 판을 깔았다. 하지만 유학자답게 쉽게 흐트러지지 않았고, 바로 이어서 "훈풍은 전각에 서늘하게 불어오고"라 하였다. '훈풍'은 앞서 밝힌 대로 성군의 교화를 비유하는 말이다. 판이 깔리자마자 부어라 마셔라 한 게 아니라 우리 임금님의 교화가 바람처럼 전각(경회루)에 서늘하게 불어온다고 하였다. 연회에 참석하고 있던 임금과 신하들은 '훈풍'이란 말을 듣는 순간 위에 인용한 『예기』의 구절을 바로 떠올렸을 것이다. 다시 상기해보자. 무려 유교문화권에서 최고의 성인으로 추앙하는 순임금께서 불렀다는 노래이다. "훈훈한 남쪽 바람이여, 우리 백성들의 수심을 풀어 주소서. 남풍이 제때 불어옴이여, 우리 백성들의 재물을 풍부하게 해주소서."

　이러한 순임금의 마음을 '훈풍'이란 두 글자에 모두 담아낸 것이다. 이것이 한시의 묘미이고, 옛 경전의 말씀을 차용하는 묘미이기도 하다. 동시에 순임금의 마음은 곧 우리 임금님의 마음이라는 찬양도 시 속에 담아내었다. 훈풍은 전각에 서늘하게 불어오는데, 훈풍이란 순임금께서 노래하신 백성을 사랑하는 마음이고, 이는 곧 우리 임금님의 마음이며, 그러한 마음이 지금 경회루에 서늘하게 불어온다는 것이다. 쓱 읽고 지나쳤으면 느끼지 못했을 속뜻이 이렇게 깃들어있다.

여섯 번째 행은 "밝은 태양은 중천에 높이 떴도다"이다. '밝은 태양'은 당연히 임금을 지칭한다. 그런데 우리 모두 보았다시피 첫 번째 행에서 "오랜 가뭄 끝에 단비가 내리시니"라고 하였다. 단비가 내리다가 바로 그치고 밝은 태양이 반짝였다는 것인가? 그랬을 수도 있지만 상식적으로는 앞뒤가 맞지 않는다. 한시는 창작 예술이지만 사실성을 대단히 중시한다. 그래서 초봄에 대해 말하면서 늦봄에 피는 꽃을 언급했다거나, '간밤에 ○○새소리 들렸네'라고 하였는데 그 ○○새는 아침에만 우는 새라거나 하는 경우가 보이면 여러 문사들에게 혹독한 비판을 받게 된다. 그만큼 함부로 지어서는 안되는 게 한시인 것이다.

서거정 정도 되는 대가가 이 점을 몰랐을 리 없다. 아마도 여기서의 '밝은 태양'은 실제로 하늘에 뜬 태양이 아니라 임금을 상징한 것으로 썼을 것이고, 그 자리에 있던 모든 이들도 그렇게 받아들였을 듯싶다. 저 하늘 위에 밝게 빛나는 듯한 우리 임금님. 순임금처럼 백성을 사랑하시는 우리 임금님. 그런 뜻으로 해석할 수 있을 것이다.

일곱 번째 행은 "천재일우로 밝은 임금과 어진 신하 만나서"라고 하였다. 바로 앞에서 '훈풍'과 '밝은 태양'을 말하며 임금을 찬양하였다면, 이제 임금과 신하의 어우러짐에 대해 말하고 있는 것이다. '밝은 임금'이라 하여 임금을 높였고, '어진 신하'라고 하면서 자신들도 슬쩍 높였다. 천재일우로 만났다는 것은 그만큼 밝은 임금과 어진 신하가 만나기 어렵다는 것이니 지금이 바로 그러한 때라는 찬양이자 자부심의 발로인 것이다. 그리고, 이 시행의 마지막 글자는 '모일 회(會)'이다. '경회루'의 그 '회'인 것이다. 서거정이 경회루에서의 연회임을 의식하고 이 '회' 자를 의도적으로 썼을 가능성이 높다. '경사스러운 연회'라는 뜻을 갖는 경회루. 그 경회루에서 밝은 임금과 어진 신하의 '만남[會]'이 벌어지고 있는 것이다.

여덟 번째 행은 "어조(魚藻)의 기쁨은 끝이 없건만"이다. 이 또한 출전을 밝히지 않으면 이해가 안 되는 시구인데, 『시경』에 나오는 "물고기[魚]가 마름풀[藻] 속에 있으니, 그 머리가 크기도 하네. 왕께서 호경에 계시니, 즐거워서 술을 마시네(魚在在藻 有頒其首 王在在鎬 豈樂飲酒)"라는 구절에서 '어조의 기쁨'이라는 표현이 나온 것이다. 이 시는 본래 천자가 제후들에게 잔치를 베풀어주신 은혜에 감사하며 제후들이 천자를 찬양하며 노래한 것인데, 조선에서는 임금이 신하에게 연회를 베풀어주었을 때 이에 대한 감사의 의미로 '어조의 기쁨'이란 표현을 많이 사용하였다.

이 시의 제목을 다시 보도록 하자. '경회루에서 연회를 베풀어주신 은혜에 감사하는 시'이다. 따라서 '어조의 기쁨'이라는 차용은 한 번쯤은 나와 줄 만한 관용구인 것이다. 천재일우로 밝은 임금과 어진 신하가 만났는데, 이처럼 연회를 베풀어주셔서 너무나 감사하고, 그 은혜로운 기쁨은 끝이 없건만 – 이러한 맥락이다.

아홉 번째 행은 "지극한 즐거움에 감히 편치 못하여"라 하였다.

바로 앞에서 '기쁨은 끝이 없건만'이라 하였으니 '지극한 즐거움'과 바로 연결되는데, 역시 임금이 계신 자리라 감히 편치 못하다는 것이다. 물론 이 말은 '저 지금 불편해요'라는 불만을 토로한 것이 아니다. 너무도 즐겁고 너무도 감사하지만 우리 신하들이 엄숙하게 앉아 있는 것은 임금 앞에서 감히 경거망동할 수 없다는, 예의를 갖추겠다는 표현인 것이다.

그래서 바로 열 번째 행에서 "인의(仁義)로써 처신한다네"라고 연결했음을 볼 수 있다. 유교적 덕성의 핵심인 '인의(仁義)'. 기왕 '인의'란 말이 나왔으니 그 유명한 『맹자(孟子)』 첫 구절을 보도록 하자.

맹자가 양나라 혜왕을 만났다.

왕이 말하기를, "선생님께서 천 리를 멀다하지 않고 오셨는데, 장차 무엇을 가지고 이 나라를 이롭게 할 수 있겠습니까?" 라고 하였다.

맹자가 대답하였다. "왕께서는 하필 이익을 말씀하십니까? 다만 인의(仁義)가 있을 뿐입니다."

(孟子見梁惠王 王曰 叟不遠千里而來 亦將有以利吾國乎 孟子對曰 王何必曰利 亦有仁義而已矣)

볼 때마다 가슴을 두근거리게 하는 맹자의 통렬한 선언이나. 조선의 글 읽은 이들이 이익과 인의 앞에서 갈등할 때, 아마도 대부분은 이익을 택했겠지만, 자신과 가족의 이익을 포기하고 인의를 택했던 선비들이 이 글을 다시금 찾아 읽으며 얼마나 많은 위안을 얻었 겠는가?

이는 현대 사회에서도 마찬가지로 이익과 도덕적 가치가 행복하 게 조화되면 기쁘겠지만, 그렇지 않은 경우도 많다. 그러할 때 사람 이 선택해야 하는 길은 무엇일까? 말로는 도덕적으로 살아야 한다 고 하지만, 이익을 뒤로 한다는 것은 정말이지 어려운 것이다.

주자(朱子)는 윗 구절 밑에 '인의'에 관하여 다음과 같은 주석을 남긴 바 있다.

인(仁)이란 마음의 덕성이며, 사랑의 원리이다. 의(義)란 마음의 법도 이며, 일의 마땅함이다.

(仁者 心之德愛之理 義者 心之制事之宜也)

'인'과 '의'는 단정적으로 말하기 어려운 것이다. 단정적으로 말 하는 순간 의미가 고착될 수 있기 때문이다. 그래서 공자도 맹자도 '인'과 '의'에 대해 쉽사리 정의내리지 않았다. 주자도 이 점을 잘 알고 있었을 것이다. 따라서 위의 주석은 어디까지나 이해를 돕기 위한 하나의 수단일 뿐이며, 이것이 '인'과 '의'에 대한 최종적인 정 의가 아님을 유념해야 한다. 주석의 말 또한 다소 추상적이며 큼직 한 틀로 아우르고 있다. 다만, 얼마간 추상적이라 해도 '인'과 '의'에 대해 이보다 더 명쾌한 설명을 들어본 적이 없다. 고수만이 짧게 말 할 수 있다고 하는데, 주자의 이 한 마디는 참으로 고수의 경지를 느끼게 한다.

서거정은 이러한 인의로써 처신한다고 하였다. 임금 앞에서 몸을 삼가고 공자와 맹자와 주자의 가르침을 언제 어디서나 실천하겠다는 의지를 보인 것이다.

지금까지 경회루에서 펼쳐진 연회에 대하여 서거정이 임금께 감사를 표하는 시를 보았다. 중간 부분만 본 것이라 한계는 있지만 가장 재미있다고 생각되는 부분만 뽑아 본 것이다. 보시면서 이 몇 글자 안 되는 짤막한 시에 많은 의미가 담겨 있음을 느끼셨을 것이라 믿는다. 임금과 신하의 만남. 경사스러운 연회. 경회루. 경회루에서 이루어졌던 수많은 사람들의 어우러짐을 생각하면서, 그들이 남긴 글도 떠올리면서 기쁜[慶] 만남[會]을 만들어 가시길 바란다.

황홍헌, 〈경회루〉

경회루에서는 임금과 신하 간의 연회만 있었던 것이 아니라 외국 사신을 맞이하는 것도 중요한 행사였다. 이때 조선의 관원과 외국 사신 간에 시를 수창(酬唱)하는 관례가 있었는데, 양쪽의 시가 현재까지 전해진 것이 있어 이를 보고자 한다. '수창(酬唱)'이란 '갚을 수(酬)', '부를 창(唱)' 자를 쓰며, 시를 읊으면 상대방도 이에 화답하여 시를 지어 읊는 것을 말한다. 말을 뒤집어서 '창수(唱酬)'라고도 하는데 같은 뜻이다. 이러한 수창은 한시의 오랜 전통으로 친한 벗들끼리 함께 모여 술 한 잔 기울이며 즐기는 일종의 놀이였지만, 외국 사신과 만나 행하는 국제적 외교 절차이기도 했다. 한자문명권의 국가들(한중일 3국 및 유구(오키나와), 베트남)이 말은 서로 달랐지만 쓰는 문자가 같았고, 한시를 지식인의 필수 교양으로 여기는 전통도 같았기에 이와 같은 수창이 가능했던 것이다.

조선에는 중국이나 일본에서 사신들이 많이 왔다. 물론 조선에서도 중국과 일본에 많은 사신을 보냈다. 이때마다 수창이 이루어졌으며, 수창한 시들을 기록한 문헌도 많이 남아 있다. 외국에서 사신이 오면 경회루는 거의 빼놓지 않고 들렸던 것으로 보이는데, 황홍헌이란 인물도 경회루에 올랐다는 기록이 있다. 『선조수정실록』 가운데 선조 15년(1582) 10월 1일자 기사를 보겠다.

(명나라) 황제가 한림원편수(翰林院編修) 황홍헌(黃洪憲)과 병과우급사중(兵科右給事中) 왕경민(王敬民)을 보내 와서 황태자의 탄생에 대한 조서를 전했다. 이이(李珥)를 원접사로 삼았는데, 이이는 허봉(許篈)·고경명(高敬命)·김첨(金瞻)을 불러 종사관(從事官)으로 삼고 예조판서 정유길(鄭惟吉)을 관반(館伴)으로 삼았다.

명나라에서 황홍헌과 왕경민이란 사람이 사신으로 왔음을 알 수 있다. 이들을 맞이하는 조선 측의 총책임자가 '원접사(遠接使)'라는 임시 관직인데, '멀 원(遠)', '이을 접(接)', '사신 사(使)' 자를 쓴다. 말 그대로 멀리 나가서 맞이(접대)하는 사신이란 뜻으로, 원접사 일행은 중국 사신이 오면 실제로 함경도 의주까지 나가서 그들을 맞이하고 한양까지 함께 왔다고 한다. 물론 중국 사신이 돌아갈 때도 의주까지 배웅하였다.

황홍헌과 왕경민을 맞이한 원접사는 그 유명한 율곡 이이(李珥, 1536~1584)다. 조선은 명나라에 사대(事大)하는 나라였기에 명나라 사신을 맞이하는 것은 국가적으로 매우 중대한 일이었다. 따라서 원접사도 그에 걸맞도록 최고위급 관료 가운데 학식과 덕망을 갖춘 인물을 선발하였다. 이이는 당시 이조판서였고, 우리가 이미 잘 알고 있듯 당대에도 엄청난 천재로 이름 높았던 사람이기에 충분히 원접사로 뽑힐 만한 적임자였다고 할 수 있다.

이러한 이이가 경회루에서 명나라 사신 황홍헌과 수창을 나눈 기록이 남아있다. 황홍헌의 시는 명나라 사신과 조선의 원접사가 서로 수창한 시를 모은 책인 『황화집(皇華集)』에 실려 있으며, 이이의 시는 그의 문집인 『율곡전서(栗谷全書)』에 실려 있어서 오늘날의 우리가 양쪽의 시를 모두 볼 수 있는 것이다.

황홍헌이 먼저 시를 썼고, 이이가 이에 화답하는 시를 지었기에 황홍헌의 시부터 보고자 하는데(미리 말씀드리자면 황홍헌은 이 책에 시문을 소개하는 유일한 외국인 저자다), 먼저 한시의 형식에 대해 간단히 설명 드리고자 한다. 한시는 크게 고체시(古體詩)와 근체시(近體詩)로 분류할 수 있는데, 고체시는 당나라 이전에 많이 짓던 시 형식으로 비교적 자유롭게 쓰면 되고 길이의 제한도 없어서 한시가 좀 길다 싶으면 고체시로 봐도 무방하다. 앞에서 본 서거정의 시도 고체시인데, 한 행에 다섯 자씩이므로 형식상 오언고시(五言古詩)로 분류된다. 서거정의 예에서 알 수 있듯이 고체시라 해서 당나라 이전에만 지어진 것은 아니며 그 후에도 많이 쓰였다.

근체시는 당나라 때 정해진 형식으로 글자 수가 정해져 있고 규칙도 까다롭다. 한 행에 다섯 자씩 네 줄이면 오언절구(五言絶句), 한 행에 일곱 자씩 네 줄이면 칠언절구(七言絶句)라 불리며, 한 행에 다섯 자씩 여덟 줄이면 오언율시(五言律詩), 한 행에 일곱 자씩 여덟 줄이면 칠언율시(七言律詩)이다. 근체시는 이렇게 딱 4가지뿐이며, 글자 수도 차례로 20자, 28자, 40자, 56자로 정해져 있다. 이렇듯 제한된 글자 수 내에 풍부한 의미를 담아내는 것이 근체시의 매력이다.

근체시의 규칙은 평측(平仄), 압운(押韻), 대구(對句)인데, 절구 형식은 평측·압운까지만, 율시의 경우에는 대구까지 반드시 지켜야 한다. 평측은 시의 운율을 위한 것으로 평성자와 측성자가 정해진 규칙대로 배열되어야 한다는 것이다. 이 책에서는 시의 평측까지는 살피지 않을 것이므로 더 이상의 설명은 생략하도록 하겠다. 한시에 조예가 있는 분들이라면 이미 잘 알고 계실 터이고, 혹시 아직 모르는데 관심이 있는 분이라면 좋은 책들이 많으니 찾아보시기 바란다. 물론 인터넷에 검색해보아도 얼마든지 친절한 설명들을 찾아볼 수 있다.

압운은 '누를 압(押)', '운 운(韻)' 자를 쓰는데, 시의 운을 일정하게 눌러줘야 한다는 뜻이다. 흔히 '운을 밟는다'라고 표현하는데, 근체시에서는 짝수 번째 행의 마지막 글자마다 운자(韻字)를 넣어줘야 한다. 요즘 유행하는 랩 음악의 라임(Rhyme)과 유사한 것으로, 짝수 번째 행의 마지막 글자마다 비슷한 소리가 나는 글자를 배치하여 시의 운율감을 살려주는 것이다.

이렇게 비슷한 소리가 나는 글자들을 그룹별로 분류하여 사전으로 만든 것을 운서(韻書)라고 하는데, 모두 106개의 운목(韻目; 운자들의 그룹)으로 이루어져 있으며, 과거의 문인들은 시를 써야 할 상황이 언제든 생길 수 있기에 이 운서를 필수품처럼 지참했다고 한다. 자주 쓰이는 운자 정도는 외우고 있었겠지만, 106개 운목에 속한 글자들을 그룹별로 모두 외우기에는 분량이 상당하였고, 굳이 힘들게 외울 필요 없이 운서를 보면 되었기 때문이다.

아래에 제시한 황홍헌 시를 예로 들자면 짝수 번째 행 마지막 글자인 '과(過)', '아(娥)', '다(多)', '가(珂)'가 같은 운목에 속한 글자들이다. 그런데, 첫 번째 행의 마지막 글자인 '아(阿)'도 위 글자들과 같은 운목인데, 이처럼 칠언절구나 칠언율시에서는 (꼭 따라야 하는 규칙은 아니지만) 첫 번째 행도 압운해주는 경우가 많았다.

눈치가 빠르신 분들은 위처럼 같은 운목에 속한 글자들이 한국 한자음으로도 비슷한 소리가 난다는 것을 직감하셨을 것이다. 그렇다. 한국 한자음은 중국 당나라 때의 중국어 발음을 기반으로 정해진 것이며 그것이 지금까지 이어져온 것이기 때문에 오늘날의 한국 한자음으로 읽더라도 한시의 운율에 들어맞는 것이다. (정작 중국에서는 많은 발음의 변화가 있었지만, 우리나라에서는 문자로만 한자를 써왔기에 1,500년 전의 당나라 때 발음이 거의 그대로 유지되었다. 당나라 시대는 근체시 형식이 정립된 때이며, 이백·두보·왕유 등 기라성같은 시인들이 활동한 한시의 최전성기였다.)

이러하기 때문에 한국 한자음으로 한시를 읽어도 높낮이가 없는 아쉬움은 있지만 압운은 확실히 느껴지며, 평측까지도 어느 정도는 짐작할 수 있다. 그래서 압운과 평측을 잘 맞춘 한시를 읽어보면 소리도 부드럽게 넘어가고, 그렇지 않은 한시를 읽어보면 답답한 소리가 난다.

한편, 대구는 오언율시와 칠언율시에서만 해주면 되는데(다만 절구 형식에서도 대구를 시도할 수 있다. 그러한 시도 꽤 있으며, 이는 시인의 자유이다), 율시에서는 두 행씩 한 연을 이루어 차례대로 1·2행은 수련(首聯), 3·4행은 함련(頷聯), 5·6행은 경련(頸聯), 7·8행은 미련(尾聯)이라 부른다. '수(首)'는 머리, '함(頷)'은 턱, '경(頸)'은 목, '미(尾)'는 꼬리이다. 신체에 빗대어 이름을 지은 것이다.

이때 3·4행인 함련과 5·6행인 경련에서는 반드시 대구를 해주어야 하는 것이 율시의 규칙이다. 다만, 수련과 미련에서도 대구를 해준 시가 있기도 한데 이는 시인의 자유이다. 예를 들어 설명하는 것이 가장 이해가 빠를 것이므로 오언율시로 되어 있는 두보(杜甫)의 〈춘야희우(春夜喜雨; 봄밤의 반가운 비)〉 중에서 경련만 보도록 하겠다.

野徑雲俱黑　　들길은 구름과 함께 어두운데
江船火獨明　　강가 배는 등불이 홀로 밝네

여기에서 앞 행의 다섯 글자와 뒷 행의 다섯 글자가 각각 대구를 이루고 있다. '들 야(野)'-'강 강(江)', '길 경(徑)'-'배 선(船)', '구름 운(雲)'-'불 화(火)', '함께 구(俱)'-'홀로 독(獨)', '검을 흑(黑)'-'밝을 명(明)'이 대구를 이루고 있는 것이다. (두 글자씩 대구를 이루는 경우도 있다. 위 시도 '야경(野徑)'과 '강선(江船)'이 대구를 이룬다고도 할 수 있다.)

대구는 대조되는 것끼리도 가능하며, 유사한 것끼리도 가능하다. 상관없어 보이는 것끼리 짝지어 묘한 느낌을 낼 수도 있다. '하늘'의 대구는 '땅'이나 '바다'일 수도 있지만, '해'나 '달'일 수도 있고, '책상'이나 '우물'일 수도 있는 것이다. (쉽게 말하자면 대구는 각 글자끼리 품사를 맞춰주는 것이다. 즉, 명사는 명사끼리, 형용사는 형용사끼리, 동사는 동사끼리 짝지우면 된다. 자연히 앞 행과 뒷 행의 문장 구조가 같아지게 된다.)

이렇듯 대구는 맞닿은 행끼리 글자들의 대비, 친연성, 무관함 등을 절묘하게 이용하여 시의 맛을 살려주는 역할을 한다. 대구는 율시에서 매우 중요하며, 대구를 어떻게 짜넣었는지가 시의 수준을 판가름할 때에도 비중 있게 고려된다.

설명이 길어졌는데, 황홍헌과 이이의 시를 깊이 있게 살피기 위해 위와 같은 설명이 필요했다. 물론, 이 뒤로 소개할 여러 근체시들을 감상할 때에도 많은 도움이 될 것이다. 자, 그러면 황홍헌이 조선의 한양까지 와서 경회루에 올라 쓴 시를 보도록 하자. 제목은 〈경회루〉이며, 길지 않은 칠언율시이므로 전체를 다 보겠다.

玉樓銀牓枕山阿　　옥루의 은빛 현판 산비탈을 베고 있으니
東向靈光曳履過　　동쪽으로 신령한 빛 향해 신발 끌며 찾아왔네

경회루와 북악산 산과 누각이 원래부터 한 쌍이었던 것처럼 잘 어울린다. 경회루에 오르면 북쪽으로 북악산이 보이며, 서쪽으로는 인왕산이, 남쪽으로는 남산이 보인다. 명나라 사신 황홍헌이 경회루에 처음 올랐을 때의 느낌은 어떠했을까?

江岫煙霏籠翠幄	연못 봉우리에 안개 끼니 푸른 장막 감싼 듯하고
長虹月落影靑娥	긴 무지개다리에 달이 지니 아리따운 여인 비치는 듯
周廬列戟貔豼擁	사방 군막에 늘어선 창으로 맹수같은 용사들이 호위해주고
遠樹連城睥睨多	먼 숲의 잇닿은 성곽 위엔 담장도 많아라
回首五雲雙鳳闕	고개 돌려 오색 구름 덮인 쌍봉궐을 바라보니

鵁鴻此日正鳴珂　　조정의 백관 행렬 이날 마침 백옥가(白玉珂)를
　　　　　　　　　　울리네

　경회루에 방문한 외국 사신의 시라는 것이 확연히 느껴진다. 한 번 읽고는 이해가 쉽지 않은데 차례대로 설명해 보겠다. 첫 번째 행부터 보자면 "옥루의 은빛 현판 산비탈을 베고 있으니"라 하였다. '옥루(玉樓)'는 당연히 경회루를 말한 것이고, '은빛 현판'은 경회루 이름이 적힌 정면의 편액을 지칭하는 듯한데 현판의 색깔이 무엇이었건 햇볕에 반사되면서 은빛으로 보였으리라 짐작된다.

　이러한 경회루의 은빛 현판이 산비탈을 베고 있다 하였다. 원문을 보면 '베개 침(枕)'자를 썼으므로 '베고 있다'라는 번역이 가능하다. 경회루에 오르면 사방이 트여 있고, 그 밖으로 북악산, 인왕산, 남산 등이 한눈에 들어온다. 당시 명나라의 수도는 베이징이었고, 베이징은 잘 알려져 있다시피 산이 없는 도시다. 따라서 명나라 사신의 눈에는 궁궐 누각의 사방에 푸른 산들이 보이는 것이 매우 경이로웠을 것이다. 이는 지금도 마찬가지로 경복궁을 찾는 많은 외국인들이 가장 인상 깊게 여기는 것이 도시 한복판의 궁궐이 산으로 둘러싸인 점이라 한다.

　이렇듯 사방에 산이 들여다보이는 풍경을 은빛 현판이 산비탈을 베고 있다고 하였는데, 한시에서 '산을 베고 있다[枕山]'라는 말은 많이 쓰였던 표현이다. 산 아래 있는 집이나 누정 등을 묘사할 때 '산언덕을 베고 있는', '산비탈을 베고 있는' 등의 표현을 많이 썼던

것이다. 다만, 여기에서는 누각 자체나 누각의 처마가 아니라 누각의 은빛 현판이 산비탈을 베고 있다 했으니 절묘한 느낌이 있다.

두 번째 행은 "동쪽으로 신령한 빛 향해 신발 끌며 찾아왔네"이다. '동녘 동(東)'은 오래전부터 우리나라를 지칭하는 말이었다. 대표적으로 '동의보감(東醫寶鑑)' 할 때의 그 '동'이다. 중국 사신의 입장에서 우리나라는 당연히 동쪽이고, 신령한 빛을 향해 왔다고 하였다. '신령한 빛'이란 우리나라를 높여주는 외교적 수사로 볼 수 있다. 그리고, '신발 끌며 찾아왔네'라고 하였는데, '신발 끌며'에 해당하는 '예리(曳履)'는 '끌 예(曳)', '신발 리(履)'를 쓰며 한시에서 어딘가로 간다는 것을 표현하거나 인기척을 느낀다고 할 때(이런 경우에는 주로 '예리성(曳履聲; 신발 끄는 소리)'이라는 표현이 쓰였다) 관습적으로 많이 썼던 말이다.

세 번째 행은 "연못 봉우리에 안개 끼니 푸른 장막 감싼 듯하고"라 하였다. 경회루 연못에는 작은 인공섬이 있는데 지금도 있고 당시에도 있었던 것 같다. 인공섬엔 나무를 빼곡하게 심어두어서 작은 숲처럼 보이는데 '연못 봉우리'는 그러한 섬의 모습을 말한 듯하다. 이곳에 안개 끼니 푸른 장막 감싼 듯하다고 했는데, 실제로 안개가 꼈는지는 알 수 없지만, 신비로운 분위기를 잘 조성하였다. 나뭇잎이 무성했을 터이니 푸른 장막 감싼 듯했다는 것도 바로 머릿속에 그려진다.

네 번째 행은 "긴 무지개다리에 달이 지니 아리따운 여인 비치는 듯"이라 하였다. 원문에 보이는 '무지개 홍(虹)' 자는 홍교(虹橋), 즉

경회루 만세산 경회루 연못 서쪽에는 인공섬이 있으며, 이름은 만세산(萬歲山)이다. 소나무들이 빽빽하게 늘어서 있어 작은 숲을 이루었다.

무지개다리를 뜻하는데, 한시에서 많이 쓰이는 시어이다. 경회루에 있는 다리가 무지개다리가 아님에도 '무지개다리'라고 한 것은 한시의 관습 때문이며, 좀 더 신비로운 분위기를 자아내는 효과가 있다. 이러한 다리에 달이 지니 아리따운 여인이 비치는 듯하다고 했다. 연회가 밤늦게까지 이어졌음을 짐작할 수 있는데, 달이 지면 경회루 연못에 달이 비쳤을 것이고, 이를 아리따운 여인이 비치는 듯하다고 쓴 것이다.

　이 시는 칠연율시이고 3행과 4행은 함련이므로 대구를 해줘야

경회루 만세산 누각 위에서 내려다본 만세산. 인왕산도 함께 눈에 들어온다.

하는데, 첫머리에서 '강수(江岫; 연못 봉우리)'와 '장홍(長虹; 긴 무지개다리)'으로 대구를 맞추면서 그 뒤의 시어들도 적절하게 대구를 맞추며 이어졌다고 할 수 있다. 연못 봉우리에서 긴 무지개다리로 시선을 이동시키면서 경회루의 주변 풍광을 그려내었는데, 모두 아름답게 묘사하였으므로 예의를 갖춘 외교적 수사를 잘 표현한 느낌이나.

다섯 번째 행을 보면 "사방 군막에 늘어선 창으로 맹수같은 용사들이 호위해주고"라 하였다. 연못 봉우리와 긴 무지개다리가 경회루 앞의 연못에 시선이 머문 것이라면, 이번에는 조금 더 시선을 확장하였다. 명나라 사신 일행을 호위해주고 있는 조선 군인들을 한껏 치켜세워줬는데, 아마도 사방에 번쩍이는 창들이 보였기에 이러한 시구가 나오지 않았나 싶다. 언뜻 생각하면 경회루와 창은 어울리지 않아 보이지만, 호위하는 병사들의 창을 보며 제법 세련된 외교적 수사를 발휘하였다.

여섯 번째 행은 "먼 숲의 잇닿은 성곽 위엔 담장도 많아라"이다. 사방 군막으로 시선을 약간 확장하더니 돌연 먼 곳을 바라보았다. 시구 자체로는 평이해 보이지만, 한양의 성곽을 그대로 묘사한 것이어서 사실적인 감동이 있다. 한양은 개국 초부터 궁궐을 건설하는 동시에 도시 전체를 사방으로 둘러싸는 성곽도 건설하였다. 이것이 임진왜란과 병자호란을 거치고, 일제강점기와 6·25전쟁을 겪으면서 대부분이 파괴되었지만, 1975년부터 복원사업이 단계적으로 추진되어 현재는 상당 부분이 복원되었다. 황홍헌이 경회루에 올랐을 때는 아직 임진왜란이 일어나기 전으로 먼 산 위의 성곽들이 잘 보였을 것이다. 그것을 눈에 보인 그대로 말한 것이다.

5행과 6행의 대구는 3·4행의 대구보다 좀 더 절묘하다고 생각되는데, 우선 '주려(周廬; 사방 군막)'와 '원수(遠樹; 먼 숲)'의 대구부터가 시선의 이동을 확연하게 드러냈고, '군막'과 '숲'이라는 전혀 별개로 보이는 대상을 짝지으면서 근경(近景)과 원경(遠景)의 대비가 확 살아난다. '열극(列戟; 늘어선 창)'과 '연성(連城; 잇닿은 성곽)'의 대구도 무척 참신하면서 둘 다 국방의 도구라는 공통점이 있어

묘한 어울림이 있다. '비휴(貔貅; 맹수같은 용사)'와 '비예(睥睨; 성곽 위 담장)'의 대구 또한 절묘한데 튼튼해 보이는 병사들과 단단하게 늘어선 담장을 짝지움으로써 무척 강건한 느낌을 자아낸다. 이는 한 양이 제대로 된 방어 기반을 갖추고 있다는 점을 세련되게 칭송한 것으로 보인다.

3·4행(함련)이 다소 관습적이고 평이했다면, 5·6행(경련)은 시선의 이동도 상쾌하고, 대구도 참신하며, 세련된 외교적 수사도 깃들어 있어서 이제야 비로소 시의 맛이 느껴지는 것 같다. 물론 5·6행도 시구 자체로만 보면 아주 뛰어나다고 할 수는 없겠지만, 경회루 위에서 보이는 풍경을 이러한 대구를 써가며 묘사해내었다는 것을 높이 평가할 수 있을 듯하다.

이제 마지막 미련으로 가보자. 일곱 번째 행은 "고개 돌려 오색 구름 덮인 쌍봉궐을 바라보니"라 하였다. 먼 숲으로 향했던 시선이 다시 궁궐 안으로 돌아왔다. '쌍봉궐(雙鳳闕)'은 지붕 위에 봉황 두 마리를 장식한 궁궐을 의미하는데, 본래는 황제의 궁궐을 뜻하는 말로 쓰이지만, 이 시에서는 정황상 경복궁을 지칭하는 것으로 보아야 할 것이다. 원문에 '오운(五雲)'이라 쓰여 있는 '오색 구름'은 신선이 머물며 노니는 곳을 가리키는 표현인데, 임금이 계신 곳을 신선 세계에 비유하면서 드높이는 말로도 많이 쓰였다. 따라서 '오색 구름 덮인 쌍봉궐'이란 말은 경복궁을 높인 것이고, 조선의 임금을 높인 것이다.

끝으로 여덟 번째 행은 "조정의 백관 행렬 이날 마침 백옥가(白

경회루에서 바라본 근정전 경회루 위에서 바라보는 근정전은 또 다른 느낌으로 다가온다. 경복궁의 정전이자 핵심은 근정전이고, 아마도 황홍헌도 경회루에서 근정전을 바라보며 "고개 돌려 오색 구름 덮인 쌍봉궐을 바라보니"라고 했을 성싶다.

玉珂)를 울리네"이다. 원문 첫머리의 '원홍(鵷鴻)'은 원추새와 기러기를 뜻하는데, 이 새들은 날아갈 때 줄을 지어 질서 있게 날아가므로 조정 대신들의 행렬을 비유할 때 많이 쓰였던 표현이다. 그리고, 마지막 글자인 '흰옥돌 가(珂)'는 앞뒤 맥락상 '백옥가(白玉珂)'를 말한 것인데, '백옥가'는 말 굴레에 달아서 말이 움직일 때마다 소리가 나게 한 옥으로 만든 장식품이다. 고관대작의 행차 때 이 백옥가 소리가 많이 났기 때문에 '백옥가'라고 하면 고관들의 행차를 뜻하는 말로 많이 쓰였다('가'로 끝나는 말이라서 '백옥노래[白玉歌]'의 뜻으로 오해하기 쉬운데, 노래가 아니다. 딸랑거리는 소리가 나는 옥으로 만든 장식품이다).

마지막 7·8행(미련)을 다시 한번 보자면 7행에서 "오색 구름 덮인 쌍봉궐"이라 하여 조선의 임금을 높였고, 8행에서 조정의 백관 행렬이 백옥가를 울린다고 하면서 조선의 재상들에 대한 존중을 표했다고 볼 수 있다. 시의 마지막 대목에서 가장 핵심적인 외교적 수사를 드러낸 것이다.

이 시의 외교적 수사를 처음부터 정리해보자.

- 수련(1·2행): 경회루에 대한 찬사

- 함련(3·4행): 경회루 앞 연못에 대한 찬사

- 경련(5·6행): 경회루 주변과 한양 성곽에 대한 찬사

- 미련(7·8행): 조선의 임금과 재상에 대한 찬사

이와 같이 해석할 수 있을 것이다. 짧은 56자 안에 이러한 찬사들을 단계적으로 모두 집약해낸 것으로 확실히 범상치 않은 시작(詩作) 능력을 보여준 듯하다. 특히, 경회루에 올라서 시를 지었기에 경회루에 대한 말부터 시작하여 점점 시야를 넓혀 나가다가 마지막으로 조선의 임금과 재상에 대한 찬사로 마무리한 것이 구성적으로 매우 깔끔하다. 외국에 온 사신으로서 그만한 자격이 있었음을 명쾌하게 증명한 것이다.

이이, ⟨경회루에서 황천사의 시에 차운하다⟩

앞서 말했듯이 이이는 원접사로서 의주까지 가서 황홍헌 일행을 맞이하였다. 이때 재미있는 일화가 있었기에 잠시 보고자 한다. 『선조수정실록』 선조 15년(1582) 11월 1일자 기사이다.

이이가 처음 두 사신을 접견하였을 때 황홍헌이 역관 홍순언(洪純彦)에게 말하였다.

"나를 맞이한 분은 산림(山林)의 기상을 지니고 있으니 국왕이 산야(山野) 사람으로 우리를 대우하게 한 것이 아닌가?"

이에 홍순언이 답하였다.

"원접사는 과거 시험에 세 번이나 장원한 사람으로 오랫동안 벼슬을 하다가 중년에 병으로 수년간 산림에 물러나 휴양하였기 때문에 산림의 기상을 지니게 된 것이다. 그러나 지금은 국왕께서 크게 믿으시는 신하로서 산야 사람이 아니다."

황홍헌이 말하였다.

"그렇다면 그가 바로 천도책(天道策)을 지은 사람인가?"

이에 그렇다고 대답하니 두 사신이 고개를 끄덕였다.

함께 한양으로 오면서 이이의 예(禮)에 대한 논의와 화답한 시를 보고 특별히 정중하게 대하였으며, 모든 서한에 반드시 율곡선생(栗谷先生)이라 칭하였다.

마치 드라마의 한 장면 같은 흥미로운 일화이다. 위의 기사는 『선조수정실록』에 있는 내용 그대로이며 각색해 넣은 부분은 전혀 없다. 이이가 의주까지 가서 명나라 사신인 황홍헌과 왕경민을 처음 만났고 함께 한양까지 왔을 때의 기록인데, 그렇다면 경회루에서 황홍헌과 이이가 시를 수창하기 전의 일이다.

황홍헌은 이이를 처음 대면하고 뭔가 이상하다고 느꼈던 것 같다. 그래서 역관에서 '저 사람은 산림의 기상을 지니고 있으니 국왕이 산야 사람한테 우리를 맞이하라고 했단 말인가?' 라고 물은 것이다. 조선시대 때 명나라에서 온 사신들은 위세가 하늘을 찔렀다고 한다. 명나라는 천자의 나라, 조선은 제후의 나라였으며, 조선은 명나라를 철저히 사대(事大)하는 나라였으므로 그 위세가 얼마나 대단했을지 충분히 짐작이 간다. 황홍헌도 위 말을 다시 읽어보면 언짢은 기색이 역력하다.

그런데, 재미있는 것은 접대하는 태도가 예의에 어긋난다거나, 약속 시간을 어겼다거나 하는 것이 아니라 저 사람은 '산림의 기상'

을 지니고 있다며 시비를 걸었다는 점이다. 산림의 기상이 대체 무엇이란 말인가? 더욱이 이제 처음 만난 사이인데 무엇을 보고 산림의 기상이 있다고 했단 말인가? '산림의 기상'에 해당하는 원문은 '산림기상(山林氣象)'이며『조선왕조실록』전체를 검색해보아도 여기에서만 유일하게 등장한 표현이다.

물론, 황홍헌과 홍순언의 문답을 보자면 '산림의 기상'이 무엇을 뜻했을지는 짐작이 가능하다. '산림(山林)'이란 산림처사(山林處士)나 산림지사(山林志士)를 뜻하는 말로, 세속의 벼슬자리에 관심을 두지 않고 지방의 궁벽한 곳에서 자기 학문 수양에만 전념하는 사람을 일컫는다. 따라서 황홍헌이 홍순언에게 물었던 것은 이이가 조정의 고위급 재상이 아니라 시골에서 책이나 읽는 선비 아니냐, 그런 사람을 (최상의 예우로 받들어 모셔야 할) 명나라 사신인 우리한테 보냈단 말이냐 - 이런 불만의 표현이었던 것이다.

그렇다면 황홍헌은 이이의 어떤 면을 보고 산림의 기상을 느꼈던 것일까? 옛날의 유학자들은 사주·관상·풍수 등에도 조예가 깊은 사람이 많았는데, 황홍헌도 관상에 일가견이 있어서 이이의 관상을 보고 그렇게 느꼈던 것일까? 아니면 역관을 중간에 끼고 몇 마디 나눠보니 조정의 관료보다는 공부하는 선비의 풍모가 더욱 진하게 느껴졌던 것일까? 더 이상의 기록이 없으니 알 수 없는 노릇이지만, 조선시대 최고의 대학자 중 한 명인 이이를 보고 명나라 사신이 그렇게 느꼈다는 것이 무척 흥미롭게 다가온다.

황홍헌의 질문에 홍순언이 답을 하였는데, 짧고도 명확하게 대답을 참 잘했다. 황홍헌의 질문이 난데없이 느껴졌을 수도 있는데, 이에 당황하거나, 대답할 말을 찾지 못해 망설이거나 하지 않고 상대방도 바로 수긍할 만큼 필요한 말만을 분명히 하였다. 경험 많은 전문가의 공력이 느껴지는 대목이다. 물론 모두 사실이었기 때문에 거리낌 없이 대답할 수 있었을 것이다. (당시 홍순언의 나이는 53세. 역관으로서 이미 수차례 명나라 사행길을 다녀온 베테랑이었다. 그리고, 역관 홍순언에게는 참으로 감동적인 일화가 있는데 이것까지 말하면 너무 옆으로 새는 것 같아 이만 줄이도록 하겠다. 궁금하시다면 인터넷 검색창에 '홍순언'이라고만 입력하면 된다. 관련된 내용이 주루룩 나올 것이다. 이미 알고 계신 분들도 많을 텐데, 아직 모르셨다면 꼭 한 번 찾아보시길 권한다.)

홍순언의 답변을 들은 황홍헌이 다시 물었다. "그렇다면 그가 바로 천도책(天道策)을 지은 사람인가?" – 황홍헌의 이 말은 상당히 놀랍다. 천도책은 명종 13년(1558) 이이가 별시해(別試解)라는 과거 시험에서 장원하였을 때의 답안지인데, 이것이 명나라에까지 알려졌음을 입증해주는 발언이기 때문이다. 천도책은 다시 시험관이었던 정사룡(鄭士龍)·양응정(梁應鼎) 등이 "우리들은 여러 날 애써서 생각하던 끝에 비로소 이 '문제'를 구상해냈는데, 이이는 짧은 시간에 쓴 대책(對策)이 이와 같으니, 참으로 천재이다."라고 평하였으며, 당시 조선에서도 크게 화제가 되었다고 한다. (이상은 한국민족문화대백과사전에서 가져온 내용이다.) 당시 이이의 나이는 23세. 그야말로 천재라고 할 만한 인물이었던 것이다. 더욱이 이이가 천도책 답안지를 제출한지 무려 24년 뒤에 명나라에서 온 사신이 '저 분이

그분인가?'라고 물었을 만큼 유명세를 떨쳤다고 하니 놀랍지 않을
수 없다.

　이야기는 아직 끝나지 않았다. 이다음의 기록이 특히 어깨에 힘
을 실어준다. "이에 그렇다고 대답하니 두 사신이 고개를 끄덕였다.
함께 한양으로 오면서 이이의 예(禮)에 대한 논의와 화답한 시를 보
고 특별히 정중하게 대하였으며, 모든 서한에 반드시 율곡선생(栗谷
先生)이라 칭하였다." 지금이야 지나가는 사람에게도 '선생님, 말씀
좀 묻겠습니다'라고 할 만큼 '선생'이란 말이 흔해졌지만, 전근대시
기에 '선생(先生)'이란 칭호는 아무에게나 붙이는 것이 아니며 그야
말로 최고의 존칭 중 하나였다. 그래서 명나라 사신이 이이에게 반
드시 '율곡선생'이라 칭하였다는 것은 그만큼의 존경을 표했다는
의미를 갖는다. 함께 한양으로 오면서 예(禮)를 논하고 시를 화답하
면서 (처음 볼 때는 없었던) 존경심이 우러났던 것이다.

　이미 경복궁 경회루에 당도하기 전부터 황홍헌은 이이를 특별히
정중하게 대하였다. 그리고, 경회루에 이르러 〈경회루〉라는 제목의
시를 지었다. 이에 이이가 화답시를 지었고, 시의 원제목은 〈경회루
차황천사운(慶會樓次黃天使韻)〉이다. '경회루에서 황천사의 시에
차운하다'라고 번역될 수 있다. 여기에서 '천사(天使)'란 중국 사신을
일컫는 말이므로 '황천사'는 황홍헌을 지칭한다. 그리고, 차운(次韻)
이란 '빌 차(次)', '운 운(韻)' 자를 쓰며, 말 그대로 '운(韻)을 빌린
다'라는 뜻인데, 한시 전통에서 매우 활발하게 이루어졌던 방식이다.

경회루 서쪽 풍경 나무들 너머로 인왕산이 보인다. 누각 기둥들 사이로 보이는 풍경들은 모두 한 폭의 그림과도 같다. 경회루는 특히 단순한 직사각형이 아니고, 위쪽과 양옆에 나무 조각들을 덧대놓아 더욱 멋스럽다.

자, 그럼 황홍헌의 시에 이이가 어떻게 화답하였는지 보도록 하자.

迥入層霄聳四阿　　먼 하늘 들어찬 누각엔 사방 산비탈 솟아있는데
綠樽留待使星過　　좋은 술 마련하고 사신 오시길 기다렸네
簾浮嵐氣圍靑嶂　　주렴에 일렁이는 아지랑이는 푸른 산을 둘러
　　　　　　　　싸고

池蘸蟾光弄素娥	연못에 담겨진 달빛은 소아(素娥)를 희롱하는 듯
數曲雲和軒外奏	몇 곡의 거문고 소리가 난간 밖에서 들려오나니
萬株松籟雨餘多	만 그루 솔바람은 비 온 뒤 시원하게 불어오네
夜深前殿賓筵罷	밤 깊어 앞 전각에 손님 위한 잔치 끝나니
銀燭紗籠散玉珂	환한 촛불 비단 등롱 아래 백옥가(白玉珂) 소리 흩어지네

황홍헌 시의 운자인 '아(阿)-과(過)-아(娥)-다(多)-가(珂)'를 그대로 썼음을 확인할 수 있다. 내용을 보자면 황홍헌 시의 내용을 이어 받으면서 새로운 정경을 그려내었는데, 첫 행부터 자세히 살펴보도록 하자.

첫 번째 행은 "먼 하늘 들어찬 누각엔 사방 산비탈 솟아있는데"이다. 황홍헌이 1행에서 "옥루의 은빛 현판 산비탈을 베고 있으니"라고 한 것을 받은 것이다. 1행의 마지막 글자인 '산비탈 아(阿)' 자를 차운한 것이므로 '산비탈'에 대한 내용이 공통적으로 들어갈 수밖에 없는데, 핵심은 황홍헌이 '벨 침(枕)' 자를 사용한 것에 반해, 이이는 '솟을 용(聳)' 자를 사용한 것이라 본다(둘 다 같은 자리인 1행의 다섯 번째 글자이다).

옥루의 은빛 현판이 산비탈을 베고 있다는 것은 옥루가 그만큼 산비탈 속에 안겨 있다는 점을 주목한 것으로 자연 속에 위치한 옥루를 칭송하는 뜻이 담겨 있다. 반면, 누각의 사방에 산비탈 솟아있다는 것은 누각에서 보이는 그대로를 말한 것으로 누각보다는 산비탈에 시선을 둔 것이라 할 수 있다. 그러니까 황홍헌의 칭송에 이이는 짐짓 겸손하게 시선을 돌린 것 아닐까, 하는 추측을 해보고 싶다. 억측일 수도 있겠으나 한 명의 독자로서 이 정도 해석의 자유는 누릴 수 있다고 믿는다.

두 번째 행은 "좋은 술 마련하고 사신 오시길 기다렸네"이다. 황홍헌이 "동쪽으로 신령한 빛 향해 신발 끌며 찾아왔네"라고 말한 것에 화답한 것이다. 긴 설명이 필요치 않다. 황홍헌은 찾아왔고, 이이는 기다렸다. 황홍헌은 동쪽으로 신령한 빛을 향해 찾아왔고, 이이는 좋은 술 마련하고 기다렸다.

세 번째 행은 "주렴에 일렁이는 아지랑이는 푸른 산을 둘러싸고"이다. 황홍헌이 "연못 봉우리에 안개 끼니 푸른 장막 감싼 듯하고"라 한 것을 받은 것이다. 앞에서도 언급하였듯이 경회루 연못 내에 있는 작은 인공섬을 두고 황홍헌이 '연못 봉우리'라 한 듯한데, 이이도 그 섬에 대해 말하고 있다. 같은 곳을 두고 표현을 달리한 것으로, '안개[煙]'를 '아지랑이[嵐]'로 변주하고, '푸른 장막'이라 할 때의 '비취색 취(翠)'를 '푸른 산'이라 할 때의 '푸를 청(靑)' 자로 변주한 것이 시선을 끈다. 차운시라 하여도 운자 외에 똑같은 글자를 쓴다는 것은 창피한 노릇이다(물론 의도적으로 존중을 표하기 위해서, 혹은 절묘한 효과를 거두기 위해 한두 번 정도 똑같은 글자를 쓰는 것은 예외이다). 화답하는 형식이기에 같은 풍경에 같은 제재를 가지고 시를 쓰더라도 내용과 표현은 달리해야 하고 쓰는 글자도 당연히 달라야 하는 것이다. 그 점에서 이이는 능숙한 변주를 보여주고 있다.

경회루와 달 말 그대로 '연못에 담겨진 달빛'이다. 달이 뜰 때마다 이렇듯 연못에
도 달이 떴을 테니 경회루 위에서 이를 바라보는 감동은 더없이 각별했을 것이다.

황홍헌이 '연못 봉우리에 낀 안개'라 한 것을 가지고 '연못 언덕에 일렁이는 아지랑이' 정도로 화답했다면 글자만 몇 개 바꾼 따라 하기밖에 안 되었을 텐데, '주렴에 일렁이는 아지랑이'라고 하여서 '안개'를 '아지랑이'로 받으면서도 시선을 달리하는 변주를 보여주었다. 또한, 안개 끼니 푸른 장막을 감싼 듯하다는 황홍헌의 비유를 아지랑이가 푸른 산을 둘러쌌다는 실제의 정경 묘사로 변주해내었다. 그러면서도 '비취색 취' 자를 '푸를 청' 자로 받아주어 연못의 섬을 '푸른 산'이라 표현한 것이다.

네 번째 행은 "연못에 담겨진 달빛은 소아(素娥)를 희롱하는 듯"이다. 황홍헌의 "긴 무지개다리에 달이 지니 아리따운 여인 비치는 듯"이라 한 말을 받은 것이다. 두 사람 다 아직 연못에 시선을 두고 있다. 다만, 황홍헌이 연못 위 다리를 바라보았다면, 이이는 연못의 물을 바라본 차이가 있다. 여기서 주목해보고 싶은 것은 이이가 '담글 잠(蘸)' 자를 써서 '연못에 담겨진 달빛'이라 표현한 대목인데, 달이 뜨면 연못에 달이 비치는 것은 누구의 눈에나 보이는 것이지만, 이이는 이를 두고 연못에 달빛이 '담겼다'고 표현했다는 것이다. 달이 담긴 것도 아니고 달빛이 담겼다는 데에 한층 묘미가 있다.

또 하나 재미있는 것은 '달빛'에 해당하는 시어로 '월광(月光)'이란 말을 안 쓰고 '섬광(蟾光)'이라 한 것인데, 황홍헌이 '긴 무지개다리에 달이 지니'라고 하면서 '달 월(月)' 자를 썼기 때문에 똑같은 글자를 안 쓰기 위해 다른 표현을 한 것으로 보인다. '섬(蟾)'은 '두꺼비 섬'인데, 한자문명권에서 두꺼비는 토끼와 함께 달을 뜻하는 동물로 널리 쓰였다. 그래서 '섬광'이 '달빛'을 의미할 수 있는 것이다.

한편, 황홍헌이 '아리따운 여인 비치는 듯'이라고 할 때 '청아(靑娥)'라는 시어를 썼는데, 이는 젊고 아름다운 여인을 뜻하는 말이므로 '아리따운 여인'이라 번역한 것이다. 이를 받아서 이이는 '소아(素娥)'라는 시어를 썼다. '소아'는 월궁(月宮)의 선녀인 항아(姮娥)의 별칭으로 달을 상징한다. (『회남자(淮南子)』라는 책에 다음과 같은 이야기가 나온다. "유궁후(有窮后) 예(羿)가 일찍이 선녀인 서왕모(西王母)에게서 불사약을 얻어 놓았는데, 예의 아내인 항아(姮娥)가 이를 훔쳐 먹고 신선이 되어 달 속으로 도망쳐 들어가 과부로 외롭게 살았다." 여기에서 비롯되어 '항아'가 달을 뜻하는 말로 널리 쓰이게 되었다.) '소아'와 '항아' 모두 한시에서 달과 연관되어 대단히 많이 쓰였던 시어이다. 한시에서는 관습적인 시어를 사용하는 것이 자연스러운 일이었고, 그것을 어떻게 적재적소에 잘 썼는가를 중요하게 생각하였다. 이이 또한 황홍헌의 달을 말한 시행에 화답하면서 '소아'라는 관습적인 시어를 사용한 것이다. (이 대목에서 황홍헌이 쓴 '아(娥)' 자를 이이가 똑같이 썼다고 항변하는 분이 있을까봐 말씀드린다. '아'는 이 시의 운자이며, 이이는 황홍헌의 시를 차운(똑같은 운자를 빌려옴)한 것이다. 뒤에 나오는 '다(多)'와 '가(珂)'도 운자임을 미리 말씀드린다.)

이제 4행까지 보았는데, 3행과 4행은 함련이므로 대구를 해준 것을 볼 수 있다. 시행의 첫머리만 보자면 황홍헌은 '강수(江岫; 연못 봉우리)'와 '장홍(長虹; 긴 무지개다리)'으로 대구를 맞춘 반면 이이는

'발(주렴) 렴(簾)'-'못(연못) 지(池)'와 '뜰 부(浮)'-'담글 잠(蘸)'으로 대구를 맞추었다. 황홍헌이 명사만으로 대구를 한 데 반해, 이이는 명사-동사의 조합으로 대구를 한 것이다.

여기에서 '뜰 부'와 '담글 잠'의 대구가 돋보인다. '뜰 부'가 상승의 느낌이라면 '담글 잠'은 하강의 느낌이기 때문에 서로 대조되면서 시의 맛을 살려주기 때문이다. '주렴에 일렁이는 아지랑이'와 '연못에 담겨진 달빛'의 짝맞춤인데, 아지랑이는 땅 위로 올라오고, 달빛은 연못 밑으로 담겨지는 이미지가 그림처럼 선명하게 다가오는 것이다.

다섯 번째 행으로 넘어가겠다. "몇 곡의 거문고 소리가 난간 밖에서 들려오나니"라 하였다. (원문의 '운화(雲和)'는 본래 산 이름인데, 이 산의 나무로 만든 금슬(琴瑟)은 그 소리가 매우 아름다웠다고 한다. 이에 따라 '운화'는 거문고의 별칭으로 널리 쓰였다.) 황홍헌이 "사방 군막에 늘어선 창으로 맹수같은 용사들이 호위해주고"라 한 것에 화답한 것이다. 황홍헌이 경회루 안에서 보이는 풍경(1·2행)-경회루 연못의 풍경(3·4행)의 순서로 시를 읊다가 시선을 좀 더 확장하여 경회루 주변을 보면서 사방 군막에 대해 말한 것인데, 이이도 이에 화답하였지만 황홍헌이 시각을 확장한 데 반해, 이이는 청각을 확장하였다. 참으로 절묘한 변주라 하겠다.

사실 마주앉아 수창하며 차운시를 짓는다 해도 매 행마다 같은 풍경을 읊으며 화답할 필요는 없다. 짝수 번째 행의 마지막 글자마다 운자만 똑같이 하면서 하고 싶은 이야기를 하면 되는 것이다. 황홍헌과 이이의 경우를 보면 황홍헌이 먼저 〈경회루〉라는 제목의 시를 지었으니, 이이가 이에 차운하면서 경회루에 대한 자신만의 시를 지으면 된다. 그런데 이이는 매 행마다 황홍헌이 바라본 곳을 똑같이 바라보며 일일이 화답하고 있다. 시를 수창할 때 이런 경우가 드문 것은 아니지만, 손님에 대한 예의와 존중 같은 것이 느껴진다. 더욱이 일일이 화답하면서도 자신만의 변주를 보여주는 것이 매우 격조 있으며 아름답다. 일일이 화답하면서 비슷하게 따라했다면 황홍헌이 무척 실망했을 것이다.

시각의 확장에 청각의 확장으로 화답한 것을 다시 한번 상기하고 싶다. 황홍헌은 사방 군막에 늘어선 창을 보며 맹수같은 용사들이 호위해준다고 하였다. '조선의 방비 태세는 튼실하군요'와 같은 칭송의 뜻이 내재돼 있는 것으로 보았다. 이러한 용맹한 정경을 말한 것에 화답하면서 이이는 몇 곡의 거문고 소리가 난간 밖에서 들려온다고 하였다. 강함을 강함으로 받지 않고 부드러움으로 받았으며, '창'을 '거문고'로 받았다. 시각에 청각으로 화답하면서 가리키는 대상도 차원을 달리한 것이다.

여섯 번째 행은 "만 그루 솔바람은 비 온 뒤 시원하게 불어오네"이다. 황홍헌의 "먼 숲의 잇닿은 성곽 위엔 담장도 많아라"를 받아서 이와 같이 말한 것이다. 황홍헌은 경회루 앞의 군막에서 돌연 시야를 넓혀 먼 숲을 바라보았는데, 이이 또한 시야를 넓혀 먼 숲의 만 그루 소나무를 바라보았다. 그런데 이번에는 촉각이 동원되었다. 바람이 불어오는 것은 나뭇잎의 흔들림을 보는 시각일 수도 있지만, 몸으로

밤의 경회루 밤이 깊었고 경회루에도 어둠이 찾아왔다. 잔치도 이제 끝나갈 무렵이었던 것 같다. 밤이 깊어도 잔치가 끝나도 경회루는 늘 그 자리에서 변함없이 아름답다.

바람을 느끼는 촉각이기도 하다. 앞 행의 청각에 이어 이번에는 촉각의 심상을 사용하며 시의 맛을 풍부하게 하고 있다. 황홍헌이 시각(5행)-시각(6행)으로 시를 이어나간 것을 이이는 청각(5행)-촉각(6행)으로 변주하며 화답했다는 점도 다시금 눈여겨보게 된다.

조금 더 보자면 황홍헌이 말한 먼 숲의 잇닿은 성곽은 이이가 말한 만 그루 소나무가 있는 곳과 같은 숲일 수도 있다. 황홍헌은 그곳을 보며 '담장도 많아라'라고 읊었는데, 이이는 그곳에서 불어오는 솔바람에 대해 읊었다. 비 온 뒤 시원하게 불어오는 솔바람. "먼 숲의 잇닿은 성곽 위엔 담장도 많아라"에서는 호쾌한 기상이 느껴진다면, "만 그루 솔바람은 비 온 뒤 시원하게 불어오네"에서는 사람의 마음을 씻어주는 상쾌함이 느껴진다.

5행과 6행은 경련이므로 대구를 해주었는데, '몇 곡[數曲]'과 '만 그루[萬株]'의 대구부터가 가슴을 확 열어젖히는 것 같은 호연지기가 있다. 시선도 경회루 난간 밖에서 저 먼 숲으로 급격히 확장되었는데, '몇'에서 '만'으로의 확장이 그에 상응하며 기운차게 다가오는 것이다. '거문고'가 내는 사람의 연주와 '솔바람'이 내는 자연의 소리도 멋지게 짝을 이룬다. '난간 밖[軒外]'과 '비 온 뒤[雨餘]'의 대구도 예사롭지 않다. '난간 밖'이라는 공간과 '비 온 뒤'라는 시간을 대구로 짝지은 것인데, 공간과 시간을 자연스럽게 연결하는 솜씨가 무척 빼어나다.

일곱 번째 행으로 가보자. "밤 깊어 앞 전각에 손님 위한 잔치 끝나니"라 하였다. 황홍헌의 "고개 돌려 오색 구름 덮인 쌍봉궐을 바라보니"라는 말에 대응한 것이다. 황홍헌이 먼 숲에서 경복궁으로 시선을 돌리자 이이도 그렇게 한 것이다. 하지만 내용은 서로 다르다. 황홍헌이 궁궐을 바라보며 오색 구름 덮인 신선 세계 같다고 칭송을 보낸 것이라면, 이이는 현재의 상황을 담담하게 서술하고 있다. '손님 위한 잔치'는 물론 황홍헌을 비롯한 명나라 사행단을 위한 잔치를 가리킬 것이다. 이 잔치가 끝났다. 황홍헌이 손님의 입장에서 궁궐을 바라본 것에 반해, 이이는 주최측의 입장에서 말한 것이다.

마지막 여덟 번째 행은 "환한 촛불 비단 등롱 아래 백옥가(白玉 珂) 소리 흩어지네"이다. 황홍헌의 "조정의 백관 행렬 이날 마침 백 옥가(白玉珂)를 울리네"라는 말에 화답한 것이다. 마지막 행은 황홍 헌과 이이의 말이 별로 다르지 않다. 다만, 황홍헌이 '조정의 백관 행렬'이 주체임을 분명히 드러내 주었다면, 이이는 '환한 촛불 비단 등롱 아래'라고 하면서 짐짓 시선을 돌렸다. 겸양의 태도라 생각된 다. 이러한 겸양은 사람의 품격을 보여준다. 이이는 품격 있는 화답 시를 남겼다.

세조, 〈발영시(拔英試)의 문·무과에 급제한 자들이 임금의
은혜에 감사를 표하였는데, 주상이 사정전에 나아가서 인견하고
자리에 앉게 하였으며 이어서 술자리를 베풀어 갑과(甲科) 일등
김수온에게 술을 올리게 하고, 임금이 짧은 시를 지어 내리다〉

이번에는 왕이 지은 시를 한 편 보고자 한다. 제목이 매우 길지만
옛 시에서 이런 경우는 흔히 볼 수 있다. 즉석에서 지은 것이므로 굳
이 별도의 제목을 붙이지 않고 당시의 정황에 대한 짧은 기록을 제
목으로 삼은 것이기 때문이다. 덕분에 당시 어떤 상황에서 시를 지었
는지를 알 수 있으므로 제목이 길다고 불평할 필요는 없을 듯하다.

조선의 7대 왕 세조(世祖, 1417~1468)에 대해서는 부정적인 감정
부터 드는 것이 사실이다. 조카를 몰아내고(결국 죽이고) 왕위에 올
랐으며, 친동생도 죽였고, 사육신을 비롯한 여러 강직한 인물들도
죽였기 때문이다. 영화에서 "내가 왕이 될 상인가?"라며 득의만만
한 표정을 짓던 배우 이정재의 얼굴도 자연히 떠오르는데다가, 그야
말로 극악무도한 악당이었던 (창작이 가미된) 영화 속 모습도 떨쳐내
기 어려운 것이다.

그래서 시를 읽기도 전에 거부감부터 들 수 있지만, 시의 저자가 세조라는 것은 잠시 뒤로 하고, 시험에서 우수한 성적을 거둔 신하에게 임금이 술자리를 베풀며 시를 지어 내리는 아름다운 정경만 생각해주셨으면 한다.

경복궁 사정전에서 임금이 술자리를 열었다. 궁궐에서는 과거 급제자들이 임금에게 인사를 올리는 행사가 많았으므로 그러한 장면을 담은 시문을 적지 않게 확인할 수 있는데, 이번에 볼 시는 임금이 직접 지은 시이기 때문에 좀 더 눈여겨보게 된다. 이 시와 직접적으로 관련된 『세조실록』의 다음과 같은 기록이 있다. 세조 12년(1466) 5월 8일자 기사이다.

고령군 신숙주(申叔舟)와 좌찬성 최항(崔恒) 등에게 명하여 신하들이 바친 권자(卷子; 시험 답안지)를 평가하여, 선발에 합격한 사람 34인에게 '발영시(拔英試)'란 명칭을 하사하였다. 중추부지사 김수온(金守溫)이 장원으로 선발되었으니, 김수온에게 쌀 20석과 3일의 잔치를 하사하였으며, 모두 예빈시(禮賓寺)에서 맡아 처리하게 하였다.

'발영시(拔英試)'는 '뽑을 발(拔)'과 '뛰어날 영(英)' 자를 쓴다. 말 그대로 '뛰어난 인재를 뽑는 시험'이란 뜻이다. 이 시험은 아직 벼슬길에 오르지 못한 사람들이 관직에 나아가고자 치르는 (우리가 흔히 아는) 과거 시험이 아니라, 이미 관직 생활을 하고 있는 문무백

사정전 내부 아마도 이 안에서 잔치를 벌였을 듯하다. 넓지 않은 공간이지만 임금과 소수정예의 신하들이 술자리를 벌이기엔 부족함이 없다. 이곳에서 왕과 신하가 웃고 떠들던 모습을 상상해본다.

관들에게 일회적으로 치러진 시험이었다.

이미 자리를 잡은 사람들이지만, 임금이 당신들의 능력을 테스트하고 싶다 하는데(신하들이 관직 생활을 하면서도 학문 연구와 문장 단련에 소홀해지지 않도록 하기 위한 의도가 가장 컸을 것이다) 이러한 시험을 대충 치를 사람이 누가 있었겠는가? 더욱이 궁궐에서 임금을 가까이 모시고 있는 신하라면 다들 학식과 문장으로 자부심이 대단한 사람들이었을 것이다. 전국적으로 수재라 칭해지는 인재 중에서도 극히 소수의 인원만이 선발되어 궁궐에서 일하고 있었을 텐데, 그러한 사람들의 자존심 경쟁도 대단했을 성 싶다.

결과를 보자면 김수온(金守溫, 1410~1481)이 장원으로 뽑혔다. 김수온은 같은 해에 세조가 현직 관료·종실(宗室; 임금의 친척) 등을 대상으로 실시한 등준시(登俊試; 오를 등(登), 뛰어날 준(俊). 뛰어난 인재를 등용하는 시험이란 뜻)에서도 장원을 차지하였다. 한 마디로 '난사람'임을 직감할 수 있다. 실제로 김수온은 세종 때부터 세조·성종 대까지 궁궐의 요직을 거쳤으며, 학문과 시문이 뛰어난 것으로 이름 높았던 인물이다. (참고로 등준시에서 공동 장원을 한 인물이 두 명 더 있는데, 한 명은 강희맹(姜希孟, 1424~1483)이며, 다른 한 명은 앞서 보았던 서거정이다. 서거정은 김수온보다 열 살 아래다.)

자, 이제 시를 보도록 하자. 칠언절구로 쓴 짧은 시이다.

側席求賢旣得人	좌불안석하며 현인을 구하였고 이미 적임자를 얻었는데
況兼時雨普大千	더구나 때 맞춰 내리는 비가 온 나라를 두루 적셨네
便蕃錫爵龍虎英	용 같고 범 같은 영재에게 술잔을 듬뿍 내리니
歡洽筵中莫周旋	기쁘고 흡족한 연회에서 빙빙 돌진 말게나

첫 번째 행에서는 "좌불안석하며 현인을 구하였고 이미 적임자를 얻었는데"라고 하였다. 예나 지금이나 국가를 운영하건 기업을

사정전 정면 사정전 앞에 많은 사람들이 모여 있다. 세조가 시를 쓴 당시에는 연회에 참석한 사람들과 연회를 시중드는 사람들로 사정전 안팎이 분주했을 것이다.

운영하건 가장 중요한 것은 인재를 얻는 것이다. 탁월한 역량을 갖춘 인재가 들어와 제 실력을 발휘하게 되면 국가건 기업이건 날개를 단 것과 같다. 그러한 인재가 여러 명이라면 더욱 좋다. 세조 또한 이 점을 잘 알고 있었기에 좌불안석하며 현인을 구했다고 한 것이다. 그런데 이미 적임자를 얻었다고 하였다. 그 자리에 있는 신하들은, 특히 김수온은 이 말을 듣고 얼마나 영광스러웠을까? 원문은 '기득인(旣得人)'으로 직역하면 '이미 사람을 얻었네'라는 뜻이다.

사람. 좌불안석하며 그토록 구하고자 했던 사람. 그 사람이 바로 너다. 신하들을 위해 베푼 술자리에서 최고의 격려가 아닐 수 없다.

두 번째 행은 "더구나 때 맞춰 내리는 비가 온 나라를 두루 적셨네"이다. 서거정의 경회루 시에서도 보았지만 농업 국가인 조선에서 때 맞춰 내리는 비는 축복이다. 축복같은 비가 온 나라를 두루 적셨고, 인재들이 모인 이 자리에도 기쁨을 선사하고 있다. 분위기가 한껏 고조되었다.

세 번째 행에서는 "용 같고 범 같은 영재에게 술잔을 가득 내리니"라고 하였다. 발영시 장원을 한 김수온에게 '용 같고 범 같은 영재'라 하면서 한 번 더 띄워주었다. 짧은 시 안에서 할 수 있는 찬사는 모두 한 것으로 볼 수 있다. 그러한 영재에게 술잔을 가득 내려주었다. 주는 왕도 기분 좋고 받는 신하도 지극히 영광스럽다.

마지막 네 번째 행은 "기쁘고 흡족한 연회에서 빙빙 돌진 말게나"이다. 재미있는 표현인데, 술잔을 가득 내려주면서 취하지 말라고 한 것은 언뜻 모순으로 느껴지지만 사실은 우리도 한 번쯤은 목격했을 법한 장면이다. 회사에서 큰 실적을 올린 직원을 위해 회장님이 술자리를 베푼다고 해보자. 회장님이 그 직원에게 술을 따라주며 뭐라고 할까? '돈 생각하지 말고 마음껏 마셔'라고 할까? 물론 그런 화통한 성격의 회장님도 있겠지만, 직원을 정말 생각하는 회장님이라면 '오늘 기분 내는 건 좋은데 적당히 마시라구.'라고 하지 않을까? 여기서 생략된 말은 '몸 챙겨야지. 내가 너를 얼마나 아끼는데.'가 될 것이다. 돈은 술값으로 내주는 게 아니라 봉투에 넣어 금일봉으로 주는 것이 훨씬 좋다(위에 인용한 『세조실록』의 기록을 다시 보자. 김수온에게 쌀 20석을 하사하였다).

세조의 속마음도 그러하지 않았을까? '김수온, 내가 너를 얼마나 아끼는데. 술은 가득 부어주지만 적당히 자제하라구. 취해서 빙빙 돌다가 넘어지기라도 하면 큰일 아닌가. 너는 이 나라의 보배야.' − 이러한 마음이 담겨있던 것은 아니었을지…… 물론 수재 중의 수재 인 김수온은 바로 알아들었을 것이다.

이행, 〈경복궁 동궁에서 숙직하다가 우연히 쓰다〉

이행(李荇, 1478~1534)은 조선의 10대 왕 연산군 때에 과거에 급제하여, 11대 왕 중종, 12대 왕 인종 대까지 조정의 요직을 거쳤고, 좌의정의 자리에까지 오른 인물이다. 앞에서 서거정에 대해 소개하면서 대제학을 역임한 것이 대단한 명예이자 학문과 문장이 당대 최고였음을 인정받은 것이라 하였는데, 이행도 대제학을 역임한 바 있다.

그리고, 중종 1년(1506)에 사가독서(賜暇讀書)하였다는 기록이 있다. 이 '사가독서'란 '줄 사(賜)', '겨를 가(暇)'를 쓰며, 글자 그대로 '독서할 겨를을 주는 것'이다. 즉, 유능한 젊은 문신들에게 휴가를 주고, 이 휴가 기간에 책만 읽을 수 있도록 경비 일체는 국가에서 부담해주는 일종의 특별 장학생 제도였다. 과거에 급제한 뒤 관직을 맡으면 수행해야 할 공무가 많기 때문에 자기 학문을 더 발전시킬 시간을 내기가 매우 어려워진다. 조선은 성리학을 국시로 하는

동궁 자선당 세자의 거처였던 자선당. 동궁 내의 핵심 전각이다. 여기에서도 단정함과 절제된 권위를 느낄 수 있다. '동궁'이라는 선입견 때문인지 무언가 파릇파릇하고 싱싱한 느낌도 든다.

나라이며, 고급 관료일수록 높은 성리학 지식을 갖출 것이 요구되었다. 그런데 기껏 우수한 인재가 과거에 급제한 뒤로는 공부할 시간을 거의 못 가지니 국가적으로도 큰 손실일 수 있기 때문에 사가독서 제도가 도입된 것이다. 이는 세종대왕 때 시작되었으며, 이후 중단과 부활을 거치다가 영조 때 규장각이 설치되면서 폐지되었는데, 몇 년에 한 번씩 10명 내외만을 선발하였기 때문에 최고의 인새만 뽑힐 수 있었다. 당연하게도 여기에 선발됐다는 것 자체가 큰 명예였다. (이상 한국민족문화대백과사전 참고)

그래서 우리가 이름을 들어본 조선조 문신들의 기록을 보면 '○○ 때에 사가독서하였다.'라는 문구를 거의 빠짐없이 보게 되는데, 이미 젊었을 때부터 실력을 인정받았음을 단적으로 입증하는 것이 바로 이 사가독서인 것이다. (이 책에 시문의 필자로 소개한 서거정, 이이, 이황도 사가독서한 인물들이며, 정도전, 하륜은 사가독서 제도가 없던 때의 인물이다.)

이처럼 이행은 사가독서한데다가 대제학을 역임하였고, 좌의정에까지 오른 최고 엘리트였으며, 문장뿐만이 아니라 글씨와 그림에도 능하였다고 한다. 이러한 인물이 경복궁 동궁(東宮)에서 숙직하다가 시를 한 편 남겼는데, 이 시가 그의 문집인 『용재집(容齋集)』에 실려 있다. 앞에서 설명했던 것처럼 동궁은 세자가 거처하는 곳인데, 세자가 생활하는 건물 말고도 여러 채의 건물이 더 있다. 이행은 세자와는 다른 건물에서 숙직했을 것이며, 시의 내용을 보면 나이가 꽤 들었을 때라는 것을 짐작할 수 있다. 다만, 집필연대가 적혀있지 않아 정확히 언제 쓴 시인지는 알 수 없다. 칠언절구로 지은 짧은 시이다.

語言小味鬢添華	언어는 맛이 적고 흰 머리는 늘어가는데
腰脚酸鳴兩眼花	허리와 다리 시큰하고 두 눈도 흐릿하다네
爲謝玉堂諸學士	고맙구려 옥당의 여러 학사들이여
老夫從此可婆娑	이 늙은이 이제부터 편히 쉴 수 있으니

어떤 마음을 담고 있는지 금방 이해되는 시인데, 자못 울림이 있

다. 천천히 살펴보기로 하자. 먼저 첫 행에서는 "언어는 맛이 적고 흰 머리는 늘어가는데"라 하였다. 자신이 늙어가고 있음을 한탄한 것인데, 흰 머리 늘어간다는 말은 익숙하지만, '언어는 맛이 적고'란 표현은 생소하다. 이 말은 송(宋)나라의 황정견(黃庭堅)이 쓴 글에서 유래한 것으로, 원래 황정견의 문장은 "사대부가 3일 동안 독서하지 않으면 의리(義理)가 가슴속에 들어오지 않으며, 거울을 보면 내 얼굴이 가증스럽고, 사람을 마주해도 언어가 맛이 없음을 깨닫게 된다(士大夫三日不讀書 則義理不交於胸中 對鏡覺面目可憎 向人亦語言無味)"이다.

황정견은 송나라의 대문학가로서 고려와 조선의 문인들에게 큰 영향을 준 인물이다. 이행도 젊은 시절부터 황정견의 문장을 많이 읽어왔을 것이고, 위 시에서는 황정견의 '언어무미(語言無味)'란 말을 차용하여 '어언소미(語言小味)'라는 표현을 구사한 것이다.

황정견이 저 문장에 담은 뜻은 공부를 평생의 업으로 하는 사대부가 3일 동안 책을 읽지 않으면 사람이 그 빛을 잃어버리고, 사람을 만나 말을 하거나 글을 써도 맛이 없어진다는 것이다. 그렇다면 이행이 저 시를 쓸 당시에 3일 동안 책을 읽지 않았을까? 그렇지는 않았을 것이다. 다만, 자신이 늙어가면서 젊었을 때의 총기가 많이 무뎌졌고 글을 쓰더라도 예전과 같은 탁월한 문장이 나오지 않는다는 솔직한 마음을 드러낸 것으로 보인다. 물론, 이행은 이때까지도 후배들이 넘보기 어려운 대단한 실력자였고, 주위 사람들도 전부 그렇게 인정하는 인물이었을 수도 있다. 그렇다면 '언어는 맛이 적고'

동궁 자선당 경내 이행이 자선당에서 숙직했을 리는 없고, 경내의 부속 건물에서 숙직을 했을 것이다. 현재의 동궁은 모두 새로 복원된 것이니 이행의 흔적을 찾는 것은 부질없는 것이겠지만, '이행은 어디서 숙직을 했을까?'라는 질문을 품고서 동궁 여기저기를 거닐어보았다.

란 말은 노대가만이 가질 수 있는 겸손의 표현으로 해석할 수 있을 것이다. 어느 쪽인지는 알 수 없지만, 한 가지 분명한 것은 이행 자신이 이제는 늙었다는 것을 자각했다는 점이다.

두 번째 행은 "허리와 다리 시큰하고 두 눈도 흐릿하다네"이다. 굳이 더 설명할 것도 없는 전형적인 표현이다. '나는 이제 늙었다. 내 시대는 갔다' - 그런 말이다. 1행과 2행에서 자신이 늙었음을 호소하면서 분위기를 조성하였는데, 시를 이렇게 썼다는 것은 세 번째 행부터 본격적으로 하고 싶은 말을 한다는 뜻이다.

'선경후정(先景後情)'이란 말을 들어보셨을 것이다. 한시에서 앞에서는 자연 풍경을 묘사하면서 분위기를 만들고, 뒤에서 시인의 마음을 드러내는 창작 기법을 말하는 것으로 대부분의 한시가 선경후정 방식으로 되어 있다. 그런데, 이 시 또한 선경후정이라 해도 될 듯하다. 1행과 2행에서 묘사한 풍경은 다름 아닌 작자의 몸이었고, 이를 통해 분위기를 조성하였으니 '선경'이라 할 수 있는 것이다. 그렇다면 이제 작자의 마음이 드러나 있는 '후정'을 보아야 할 것이다.

바로 세 번째 행을 보자면 "고맙구려 옥당의 여러 학사들이여"라 하였다. 여기에서 옥당(玉堂)은 조선시대 홍문관(弘文館)의 별칭이기도 한데, 홍문관에 대해서 잠시 알아보도록 하자.

조선시대 궁중의 경서(經書)·사적(史籍)의 관리와 문한(文翰)의 처리 및 왕의 각종 자문에 응하는 일을 관장하던 관서.

사헌부·사간원과 더불어 삼사(三司)라 하였다. 조선시대에는 학술적인 관부이자 언론 삼사(言論三司)의 하나로서, 정치적으로도 중요한 기능을 담당하였다. 홍문관직은 청요직(淸要職)의 상징이었으므로 홍문관원이 되면 출세가 보장되었다. 조선시대의 정승·판서로서, 홍문관을 거치지 않은 사람은 거의 없었다.

홍문관은 청요직으로서 관원이 되려면 지제교(知製敎)가 될만한 문장과 경연관(經筵官)이 될만한 학문과 인격이 있어야 함은 물론 가문에 허물이 없어야 했고, 우선 홍문록에 올라야 하였다. 홍문록이란 홍문관원의 후보로 결정된 사람 또는 홍문관원의 후보자로 간선하는 일을 가리키며, 홍문관·이조·정부(政府)의 투표(圈點)를 통해 다득점자의 순으로 결정되었다. 홍문관원에 결원이 생기면, 홍문록 중에서 주의(注擬)·낙점(落點)된 사람으로 충원하므로 홍문관원이 되기란 어려운 일이었다.

(출처: 한국민족문화대백과사전)

이렇듯 최고 실력자만 모인 막강한 기관이 홍문관이었는데, 이행은 홍문관의 수장인 홍문관대제학을 역임한 바도 있었기에 직계 후배들에게 "고맙구려 옥당의 여러 학사들이여"라고 말한 셈이다. 그렇다면 왜 고맙다고 한 것일까? 이유는 마지막 네 번째 행에 나온다.

네 번째 행은 "이 늙은이 이제부터 편히 쉴 수 있으니"이다. 그렇다. 이것이 이행이 말하고자 한 바이다. '나는 늙었다. 이제 너희들의 시대다. 나는 이제 쉴 테니 너희들이 잘 이끌어 가다오. 고맙다.' ─ 이런 마음을 담은 것이다.

이행이 경복궁 동궁에서 숙직하다가 우연히 썼다는 이 시는 시 자체로만 본다면 그리 뛰어날 것도 없고, 새로울 것도 없는 평이한 발언일 뿐이다. 하지만 우리 인생사의 변치 않는 진실을 일깨워준다는 점에서 쉽게 지나칠 수 없는 감동이 있다.

사람은 누구나 나이를 먹는다. 언제까지 청춘일 줄만 알았던 젊은 시절을 지나 서서히 늙어가고 어느덧 중년이 되며 곧 노년으로 접어들고 한 명의 예외도 없이 세상과 작별한다. 이러하기 때문에 사람은 다음 세대에게 자기 것을 물려줘야 한다. 물려주는 것은 재산도 있겠지만, 정신적 자산도 있다. 그래서 부모는 자식에게, 스승은 제자에게 자신이 평생 쌓아왔던 '정신'을 물려준다. 부모와 스승은 늙어가고, 자식과 제자는 돌이라도 집어삼킬 수 있을 것 같은 당당한 기세로 자신들의 세상을 만들어간다. 물론 그 자식과 제자도 나이를 먹는다. 나이를 먹으면서 자식을 기르고 제자를 키운다. 이러한 끝도 없는 반복이 인간의 문명을 만들어왔다.

이행도 청년 시절이 있었을 것이고, 주위의 찬사를 받으며 자신만만했던 시절도 있었을 것이다. 하지만 그 역시 늙었고, 이제 물러날 때가 되었음을 자각하고 있다. 자신이 가르침을 주었던 옥당의 젊은 학사들이 쑥쑥 성장하는 모습을 보며 많이 흐뭇했을 것이며, 한편으로 자신의 시대가 가고 있음을 슬프게, 혹은 담담하게 인정해야 했을 것이다.

숙직하다가 우연히 썼다면 필시 밤이었으리라 생각된다. 너무도 고요한 궁궐의 밤. 그러한 밤의 적막 속에서 이행은 자신의 현재를 묵묵히 생각해보았을 것이다. 그리고 나지막이 흘러나오는 한탄. 언어는 맛이 적고 흰 머리는 늘어가는데, 허리와 다리 시큰하고 두 눈도 흐릿하다네.

하지만 엷은 미소 지으며 마음속에서 울려나오는 그 말. 고맙구려 옥당의 여러 학사들이여, 이 늙은이 이제부터 편히 쉴 수 있으니.

이황, 〈사정전상량문〉

사정전 정도전이 처음 건립된 사정전을 생각하며 이름을 짓고 글을 썼다면, 이황은 불에 탄 뒤 다시 복원된 사정전을 생각하며 글을 썼다. 사정전 앞에 서서 두 거인(巨人)의 마음을 헤아려본다.

앞에서 우리는 정도전의 〈사정전〉을 읽어보았다. 이제 정도전만큼이나 조선의 역사에서 빼놓을 수 없는 인물인 퇴계 이황(李滉, 1502~1571)의 글을 보고자 한다. 『퇴계집(退溪集)』에 수록돼 있는 「퇴계선생연보」에 의하면 이황이 54세였던 1554년에 〈사정전상량문〉을 지었다고 나와 있다. 정도전이 〈사정전〉을 지은 해가 1395년이니 두 글의 시간적 격차는 159년이 된다. 정도전과 이황의 생년 차이를 셈해보면 160년이 나오는데, 결국 두 인물이 거의 같은 나이에 사정전에 대한 글을 썼음을 알 수 있다(50대 중반이었으니 사상가이자 문장가로서 이미 원숙한 경지에 이른 시점이었다).

정도전의 글은 기문(記文)인 반면, 이황의 글은 상량문(上樑文)이다. 잘 알려져 있다시피 한옥 건물을 지을 때는 거의 완성 단계에 이르렀을 때 기둥과 대들보 위에 마룻대를 올리며 상량식을 거행하는데, 이때 낭독하는 글이 상량문이다. 상량문은 한중일 3국 중에서도 우리나라에서 특히 성행하였는데, 심경호 선생님(고려대 한문학과 교수)의 논문 중에서 일부만 인용하자면 아래와 같다.

한국한문학사를 보면 고려 중엽 이후로 상량문은 변려문을 사용하여 그 문체가 대단히 형식적으로 되었다. 하지만 상량문은 송축의 뜻을 기탁하고 관계인들의 염원을 함축하면서 기원문(祈願文)의 양식으로서 크게 발달했다. (……) 조선시대에는 한문문집을 편찬해서 간행할 때 상량문을 독립 문체로 설정하는 것이 관례였다. 그만큼 한국한문학에서는 상량문이 다량으로 제작되었다. 그 제작의 양상은 중국보다도 더 활발할 정도다. 이에 비해 일본한문학에서는 한문으로 이루어진 상량문을 거의 찾아볼 수가 없다.

(심경호, 「상량문의 문학성 시론」, 2009)

이처럼 우리나라에서 활발하게 집필되었던 상량문은 정해진 형식이 까다롭고 의례적인 문구가 많이 들어가기 때문에 그다지 재미있는 글은 아니다. 기문이 비교적 자유롭게 저자의 주관을 드러낼 수 있는 글이라면 상량문은 격식을 엄격히 따라야 하는 글인 것이다. 따라서 기문에서는 해당 건물과 관련된 여러 가지 일화나 저자만의 생각과 느낌을 접해볼 수 있지만, 상량문에서는 그러한 부분을 찾아보기 어렵다. 다만, 아예 없는 것은 아니기 때문에 이 책에서는 그런 대목만 살펴보고자 한다. 더욱이 다른 사람도 아닌 퇴계 이황의 글이기 때문에 한 번쯤 읽어볼 가치가 있을 것이다.

다음은 〈사정전상량문〉의 마지막 부분이다.

삼가 바라건대 들보를 올린 뒤 수많은 복들 찾아들고 백신(百神)들 옹위하여 전각은 강릉(岡陵; 산마루와 구릉)처럼 오래 가고 국세(國勢)는 반석처럼 안정되며, 전하의 성스러움과 공경함이 날로 드높아져 새롭고 또 새로워져 그치지 않으며, 덕 있는 정치는 바람으로 휩쓸듯 널리 펴져 황폐하지 말며, 사방의 기운 화평하어 육진(六疹)의 질병 쓸어내고, 백성의 풍속 순박하며 해마다 풍년 되어 굶주림 없어지며, 천자께 드린 문안 은총을 받으며 상제의 보살핌이 길이 자손에 전해지소서.

상량문은 본디 기원하는 글이기 때문에 위의 문장 또한 기원하는 말들로 채워져 있다. 다소 의례적인 문투로 느껴질 수도 있지만, 자세히 살펴보면 많은 뜻이 담겨 있음을 알 수 있을 것이다.

첫 줄부터 보겠다. "바라건대 들보를 올린 뒤 수많은 복들 찾아들고 백신(百神)들 옹위하여"라고 하였는데 태평성세를 염원하는 마음이 직접적으로 드러나 있다. 실제로 국정을 집행하는 사정전에 우선적으로 태평성세를 기원한 것이다. 재미있는 것은 정도전이 궁궐의 이름을 지을 때 유교 사상을 전면에 내세우기보다는 '큰 복'이라는 뜻의 '경복(景福)'을 선택하였듯이 이황도 '들보를 올린 뒤 공맹(孔孟)의 도가 실현되고'와 같이 말하지 않고, '들보를 올린 뒤 수많은 복들 찾아들고'라 한 점이다. 유교 사상의 실천도 중요하겠지만, 역시 가장 중요한 것은 나라의 평안과 백성의 행복인 것이다. 그리고, 이러한 애민정신은 앞에서도 확인하였듯이 유교의 근본정신이기도 하다.

바로 이어지는 "전각은 강릉(岡陵)처럼 오래 가고"라는 기원은 의미심장하다. 사정전이 큰 불로 인해 전소된 바 있고 새로 짓는 사정전의 상량식을 거행하며 이 글이 집필되었기 때문이다('강릉(岡陵)'이란 낱말은 『시경』에서 임금에게 축원을 올리며 "산마루 같고 구릉같이 (如岡如陵)"라고 한 구절에서 온 것으로, 누군가의 만수무강을 축원할 때 많이 쓰이던 말이다. 여기에서는 사정전의 만수무강을 기원하는 의미로 사용되었다). 『명종실록』에서도 사정전 화재에 대한 관련 기록을 볼 수 있는데, 일부만 발췌하면 다음과 같다.

[명종 8년(1553) 9월 14일]

경복궁의 대내(大內)에 불이 났다. (태조가 즉위한 뒤 3년 만에 창건한 강녕전·사정전·흠경각이 모두 불타 버렸다. 이 때문에 조종조로부터 전해 오던 값진 보물과 서적 및 대왕대비(大王大妃)의 고명(誥命; 왕위를 승인하는 문서)과 의복 등도 모두 재가 되고 말았다.)

이러한 아픔이 있었기에 새로 짓는 사정전은 불에 타지 말고 산마루나 구릉처럼 오래 가기를 기원하였던 것이다. 다만, 안타깝게도 이 글이 집필된 후 불과 38년 만인 1592년에 임진왜란이 발발하였고 경복궁 전체가 잿더미로 변하고 말았다. 경복궁 내에 큰 불이 나서 애써 복원한지 38년 만에 궁궐 전체가 불타 버린 것이다.

계속 보자면 "국세(國勢)는 반석처럼 안정되며"라는 말도 나라의 태평성세를 염원하는 전형적인 표현인데, 사정전이 국정을 총괄하는 집무 공간임을 생각한다면 그 의미가 더욱 깊이 다가온다. '전각은 강릉(산마루와 구릉)처럼, 국세는 반석처럼'이라고 하여 모두 오래 가고 단단한 자연물에 비유하여 그만큼 오랫동안 굳건히 나라가 번성하기를 간절히 소망한 것이다.

다음으로 보이는 "전하의 성스러움과 공경함이 날로 드높아져 새롭고 또 새로워져 그치지 않으며"라는 말에는 임금에 대한 당부가 깃들어 있는데, 유명한 『대학(大學)』의 '일신우일신(日新又日新, 날마다 새롭고 또 날마다 새로워져야 한다)'이라는 구절을 '신우신(新又新)'이란 말로 축약해내면서 결코 현상에 안주하거나 나태해지지

사정전 밖 사정전과 만춘전 사이로 강녕전 지붕이 보이고, 그 너머로 북악산이 빼꼼히 드러나 보인다. 조선의 왕들도 이러한 정경을 보았을 것이다.

말 것을 권고한 것이다.

그리고, "백성의 풍속 순박하며 해마다 풍년 되어 굶주림 없어지며"라는 언급을 주목하게 된다. 국정의 핵심은 결국 백성들의 삶이라는 것을 분명히 짚어두고 있기 때문이다. 이는 앞에서도 언급한바 있는 유교의 근본정신으로서 누구보다 투철한 유학자인 이황이이 점을 간과하지 않은 것이다.

마지막으로 "천자께 드린 문안 은총을 받으며 상제의 보살핌이

길이 자손에 전해지소서"라고 하였는데 글을 마무리하면서 태평성
세에 대한 염원을 다시금 강조하였다.

이황이 집필한 궁궐 상량문은 모두 두 편이다. 바로 〈사정전상량
문〉과 〈동궁자선당상량문〉인데, 한 편은 이미 보았으니 나머지 한
편을 마저 보도록 하겠다.

이황, 〈동궁자선당상량문〉

동궁 자선당 정면에서 바라본 자선당은 왕의 거처였던 강녕전과는 또 다른 기품
이 있다. 이곳은 관람객들이 많이 찾지 않는데, 찾더라도 금새 지나친다. 경복궁
의 다른 곳과 달리 사람도 없고 한적하니 잠시 쉬면서 저 잘생긴 건물을 천천히
살펴보시면 좋을 것 같다.

세자는 떠오르는 태양이므로 궁궐의 동쪽에 거처를 잡으며, 머무는 곳의 이름도 '동궁(東宮)'이라고 한다. 그리고, 자선당(資善堂)은 경복궁의 동궁 중에서도 세자가 생활했던 중심 전각이다. 이황이 이 건물에 대해 상량문을 쓴 것인데, 이 또한 〈사정전상량문〉과 마찬가지로 이황이 54세였던 1554년에 지은 글이며, 자선당이 복원되었을 때 집필한 것이다. (사정전은 1553년(명종 8년) 경복궁에 큰 불이 났을 때 전소되었지만, 자선당은 그보다 10년 전인 1543년(중종 38년)에 화재를 겪었다. 1554년에 경복궁의 각 전각에 대한 대대적인 복구공사가 진행되면서 자선당도 함께 복원된 것이다.)

자선당은 '재물 자(資)'에 '착할 선(善)' 자를 쓴다. '재물 자'는 '갖추다, 구비하다'라는 뜻도 있기에 자선당은 '착한 품성을 갖추는 집'이란 의미를 담고 있다. 세자의 거처에 더없이 적합한 이름이라 할 수 있다. 자선당은 일제강점기에 완전히 헐렸지만 1999년에 복원되었기 때문에 지금 경복궁에 가면 볼 수 있는데, 이 건물에는 기구한 사연이 있다.

자선당은 1592년(선조 25년) 임진왜란으로 인해 잿더미가 되었다가 1866년(고종 3년)에 다시 지어졌다. 여기까지는 경복궁의 다른 전각들과 다르지 않다. 그런데 일제강점기를 맞아 경복궁 내의 수많은 전각들이 사라졌지만, 자선당은 1915년에 전부 해체되어 오쿠라 기하치로(大倉喜八郎)라는 일본인에게 팔려가 도쿄의 오쿠라 호텔에서 '조선관'이라는 이름의 별채로 사용되었다. 전통 한옥은 콘크리트 건물과는 달리 목재들의 끼움 맞춤으로 지어지기 때문에 이것들을 모두 해체하여 다른 곳으로 옮길 수 있기 때문에 이와 같이 바다를 건너 일본 땅까지 가게 된 것이다. 궁궐 건물이 모두 해체되어 옮겨진 또 다른 예를 들자면 창덕궁 대조전이 있다. 이 전각은 일제강점기 때 화재로 전소되었는데, 이때 조선총독부가 경복궁의 교태전을 해체하여 옮겨 지은 것이 지금의 창덕궁 대조전이다. (현재 경복궁에 있는 교태전은 1995년에 새로 복원해 지은 것이다.)

이렇게 일본 땅으로 옮겨진 자선당은 원래 모습대로만 남아 있었더라면 그나마 다행이었겠지만 1923년 관동대지진 때 불에 타 소실되었고, 불에 그을린 기단석만 오쿠라 호텔 한쪽에 방치돼 있었다. 1993년에 김정동 목원대 건축학부 교수가 이를 찾아내어 반환을 위해 많은 노력을 하였고, 노력이 결실을 맺어 1995년에 경복궁으로 돌아오게 되었다.

1995년은 경복궁 재정비 사업이 한창이었기 때문에 이 기단석도 자선당 복원에 활용하고자 하였으나 훼손 정도가 너무 심해 쓸수가 없었고, 결국 경복궁 북쪽에 위치한 건청궁 오른편에 기단석들만 보존해두고 있다. (누구나 가서 볼 수 있으며, '자선당 유구'라는 안내판도 설치돼 있다.)

이황은 물론 자선당이 이러한 운명에 놓일지 전혀 몰랐을 것이다. 시간을 다시 되돌려 1554년으로 가보자. 자선당이 한 차례 화재를 당한 후 새롭게 다시 지어졌을 때, 이황은 다음과 같이 말하였다. 이 글 역시 결말부만 보도록 하겠다.

삼가 바라건대 들보를 올린 뒤에 온갖 복록과 선(善)이 다 모이고, 세자께서 학금(鶴禁; 세자의 궁)에서 반짝이며, 동궁(東宮)이 선조의 도움을 입어 자리를 편안히 하고, 세자가 민가에서 자라지 않았더라도 농사의 어려움과 정치의 득실을 알게 하며, 학사(學士)들이 사벽(邪僻)함으로 이간하지 않고 서로 더불어 경적(經籍)을 토론하고 선왕(先王)의 도상(圖像)을 찬양하게 하소서. 선대를 선양하고 종묘를 계승함은 실로 세자에게 달려 있고, 종묘의 제사를 주관하는 것도 실로 세자에게 달려 있으니, 천명(天命)을 부여받아 크나큰 아름다움이 끝없이 이어지게 하소서.

〈사정전상량문〉에서도 보았듯이 기원하는 말들로 채워져 있다. 다만, 〈사정전상량문〉과는 확실히 다른 점을 확인할 수 있는데, 한 문장씩 자세히 읽어보고자 한다.

먼저 "삼가 바라건대 들보를 올린 뒤에 온갖 복록과 선(善)이 다 모이고"라고 한 부분은 태평성세를 염원하는 마음을 직접적으로 드러낸 것으로 〈사정전상량문〉의 결말부 첫 줄과 거의 차이가 없다. 그런데, 〈사정전상량문〉에서는 "백신(百神)들 옹위하여"라고 하여 여러 신들이 사정전을 보위해주었으면 하는 안정성에의 희구를 드러낸 반면, 위 글에서는 "선(善)이 다 모이고"라고 하여서 도덕적 가치를 중시한 면모를 보여주었다. 이는 세자의 거처에 붙인 글이므로 이황도 그에 걸맞은 발언을 한 것이라 여겨지며 이어지는 문장들에서도 그러한 면모를 볼 수 있다.

자선당 유구 기단석들만 있는 자선당의 흔적을 보고 있으면 누구라도 편치 않은 심정일 것이다. 그래도 바다를 건너갔다가 다시 돌아온 돌들이 대견해보이기도 한다. 불에 타기까지 했으니 고생을 많이 한 돌들이다.

"동궁(東宮)이 선조의 도움을 입어 자리를 편안히 하고"라는 말은 〈사정전상량문〉에서의 "전각은 강릉(岡陵)처럼 오래 가고"와 같은 맥락에 있는 만수무강의 기원이지만, 바로 이어지는 "세자가 민가에서 자라지 않았더라도 농사의 어려움과 정치의 득실을 알게 하며"라는 말은 이황의 주관을 분명히 드러낸 말로서 세자를 향한 낭부가 개입되어 있다. 즉, 어렵게 농사를 짓는 백성들의 처지를 알아야 한다는 것이며, 정치의 득실을 이해할 만한 판단력을 갖추어야 한다는 것이다. 〈사정전상량문〉에서 임금에게 했던 당부인 "전하의 성스러움과 공경함이 날로 드높아져 새롭고 또 새로워져 그치지 않으며"는 이미 권좌에 오른 어른에게 적합한 말이라면, 위의 말은 앞으로 권좌에 오를 소년이나 청년에게 적합한 당부라 할 것이다. 이황이 대상이 되는 인물에 맞추어 글을 지어 올린 것이다.

그리고, "학사(學士)들이 사벽(邪僻)함으로 이간하지 않고 서로 더불어 경적(經籍)을 토론하고"라는 말은 담겨 있는 뜻이 각별해 보인다. 동궁에서의 가장 중요한 활동이 세자에 대한 교육임을 생각해 본다면 학사들이 삿된 학설로 이간질을 벌이지 말고 정통 성리학만을 천착하여 세자에게도 이를 전수해야 할 것이며, 서로 더불어 학문 토론에 주력하라는 이황의 당부가 반영돼있다. 〈사정전상량문〉에서는 이 부분에서 "덕 있는 정치는 바람으로 휩쓸듯 널리 퍼져 황폐하지 말며, 사방의 기운 화평하여 육진(六疹)의 질병 쓸어내고"라고 하여 실제의 국정에 대한 발언을 했다면, 위 글에서는 세자에 대한 올바른 교육과 학문의 진작을 강조하였다. 동궁에 부치는 글로서 그 핵심을 놓치지 않은 것이다.

이어서 "선대를 선양하고 종묘를 계승함은 실로 세자에게 달려 있고, 종묘의 제사를 주관하는 것도 실로 세자에게 달려 있으니"라고 하였는데, 조선의 왕권을 계승하고, 선왕(先王)에 대한 제사를 주관하는 막중한 책무가 세자에게 달려 있음을 강조하였다.

끝으로 "천명(天命)을 부여받아 크나큰 아름다움이 끝없이 이어지게 하소서"라고 하면서 글을 마무리하였는데, 〈사정전상량문〉에서

자선당 내부 실제로 세자의 방이 이러했는지는 분명치 않다. 고증이 정확했는지를 따지기보다는 이왕 이렇게 내부를 공개하고 있으니 들여다보면서 세자의 하루가 어떠했을지 상상해보시기 바란다.

자선당 마루 날씨가 좋을 때에는 마루에 나와 공부하기도 했을 것이다. 마루에서는 서울 하늘이 눈에 한가득 들어온다.

와 마찬가지로 태평성세에 대한 염원을 최종적으로 짚어둔 것이다.

지금까지 이황이 지은 상량문 두 편을 보았다. 결말부만 본 것이어서 전체를 살펴본 것은 아니지만, 상량문의 특성상 의례적인 문장들이 대부분을 차지하고 있기에 이황의 생각을 조금이라도 엿볼 수 있는 결말부만 자세히 읽어본 것이다.

이황의 호는 여러 개가 있지만 가장 유명한 것은 단연 퇴계(退溪)이다. 글자 그대로 '계곡으로 물러난다'는 뜻을 가지고 있다. 이 두 글자에 이황이 어떠한 삶의 지향을 가졌는지가 확연히 드러난다. 그는 잘 알려진 대로 벼슬자리를 좋아하지 않았으며, 시골로 물러나 학문을 탐구하는 일에 전력하였다. 그리고, 만년에는 고향 땅 안동에 도산서당을 짓고 제자들을 가르치다가 그곳에서 생을 마쳤다.

이황의 명성이 높아진 40대 중반 무렵부터 임금은 이황을 애타게 찾고, 이황은 고사하는 일이 계속 반복되었는데, 그 정황이 어떠했는지 간략하게만 보도록 하자.

1552년 성균관대사성의 명을 받아 취임하였다. 1556년 홍문관부제학, 1558년 공조참판에 임명되었으나 여러 차례 고사하였다. 1543년 이후부터 이때까지 관직을 사퇴하였거나 임관에 응하지 않은 일이 20여 회에 이르렀다. (……) 명종은 예(禮)를 두터이 해 자주 이황에게 출사(出仕)를 종용하였으나 듣지 않았다. (……) 명종이 돌연 죽고 선조가 즉위해 이황을 부왕의 행장수찬청당상경(行狀修撰廳堂上卿) 및 예조판서에 임명하였다. 하지만 신병 때문에 부득이 귀향하고 말았다.

그러나 이황의 성망(聲望)은 조야에 높아, 선조는 이황을 숭정대부(崇政大夫) 의정부우찬성에 임명하며 간절히 초빙하였다. 이황은 사퇴했지만 여러 차례의 돈독한 소명을 물리치기 어려워 마침내 68세의 노령에 대제학·지경연(知經筵)의 중임을 맡고, 선조에게 「무진육조소(戊辰六條疏)」를 올렸다. (……) 노환 때문에 여러 차례 사직을 청원하면서 왕에 대한 마지막 봉사로서 필생의 심혈을 기울여 『성학십도(聖學十圖)』를 저술하여 어린 국왕 선조에게 바쳤다.

1569년(선조 2년) 이조판서에 임명되었으나 사양하고, 번번이 환고향(還故鄕)을 간청해 마침내 허락을 받았다. 환향 후 학구(學究)에 전심하였으나, 다음 해 11월 종가의 시제 때 무리를 해서인지 우환이 악화되었다. 그달 8일 아침, 평소에 사랑하던 매화분에 물을 주게 하고, 침상을 정돈시킨 후, 일으켜 달라 해 단정히 앉은 자세로 역책(易簣; 학덕이 높은 사람의 별세)하였다.

(출처: 한국민족문화대백과사전)

이황이 〈사정전상량문〉과 〈동궁자선당상량문〉을 지은 것은 그가 성균관대사성으로 재직하고 있었던 1554년이었다. 그러니까 대학자로서 모두의 존경을 받게 된 이후 짧게만 이루어졌던 관직 생활 중에 이와 같이 경복궁 내 주요 전각에 대한 두 편의 글을 남긴 것이다. 그러한 점에서 이 두 편의 상량문은 참으로 귀한 글이며, 우리가 쉽게 지나치기 어려운 무게감이 있다 할 것이다.

비록 상량문이라는 글의 특성상 다소 의례적이고 딱딱한 문장이

긴 했지만, 임금과 세자를 향한 이황의 진심어린 마음은 분명히 느껴졌으리라 믿는다.

퇴계 선생님의 글을 다시 한번 읽어보고 싶다. 부분적으로 조금씩 옮겨본다.

"삼가 바라건대 들보를 올린 뒤 수많은 복들 찾아들고 백신(百神)들 옹위하여 전각은 강릉(岡陵; 산마루와 구릉)처럼 오래 가고 국세(國勢)는 반석처럼 안정되며"

"덕 있는 정치는 바람으로 휩쓸듯 널리 퍼져 황폐하지 말며"

"백성의 풍속 순박하며 해마다 풍년 되어 굶주림 없어지며"

"삼가 바라건대 들보를 올린 뒤에 온갖 복록과 선(善)이 다 모이고"

"세자가 민가에서 자라지 않았더라도 농사의 어려움과 정치의 득실을 알게 하며"

"천명(天命)을 부여받아 크나큰 아름다움이 끝없이 이어지게 하소서"

2장을 맺음하며

이황은 소망하였다. "전각은 강릉(岡陵; 산마루와 구릉)처럼 오래 가고 국세(國勢)는 반석처럼 안정되며" …… 하지만, 간절한 소망이 무색하게도 이황의 글이 집필된 지 불과 38년 만에 경복궁은 완전히 전소되고 말았다. 정도전의 당당한 선언문과 함께 새 왕조의 새 궁궐로 시작한 경복궁은 197년이라는 시간을 뒤로한 채 폐허가 되어버린 것이다.

폐허가 되기 전까지 200년에 가까운 시간 동안 경복궁에는 수많은 사람들의 자취가 새겨졌다. 그중에는 왕도 있었고, 외국에서 온 사신도 있었으며, 우리가 익히 아는 유명 인물도 있었다. 자취에만 그쳤더라면 화석으로도 남기 어려웠을 텐데, 다행히 그들은 글을 썼고, 지금까지 전해졌다.

하륜은 〈경회루기〉에서 "누각을 다시 세우는 것은 마치 나라를 다스리는 것과 유사한 점이 있습니다."라고 하면서 경회루 내의 각 부분들과 임금이 명심해둬야 할 교훈들을 절묘하게 비유해내었다. 그중에서도 가장 기억에 남는 대목은 "내려다보면 반드시 두려워지도록 한 것은 경외(敬畏)하는 마음을 갖도록 한 것이며, 멀리 두루 볼 수 있도록 한 것은 포용을 위한 것입니다."라는 문장이다. 경외와 포용. 우리가 경회루에 대해 생각할 때 쉽게 떠올릴 수 없는 두 단어이다. 하지만 하륜의 저 문장을 읽고 나면 경회루와 잘 어울린다는 느낌을 받는다. 우리는 지금껏 살아남은 옛글 덕분에 경회루를 바라보면서, 혹은 경회루를 떠올리면서 '경외와 포용'이라는 아름다운 가치를 생각해볼 수 있는 것이다.

　서거정은 〈경회루에서 연회를 베풀어주신 은혜에 감사하는 시〉에서 임금과 신하가 경회루에서 함께 연회를 벌였던 정경을 유쾌하게 그려내었다. 시의 중간 부분만 보았음에도 그 말하고자 하는 뜻은 충분히 전달이 되었는데, 그 가운데에서도 굳이 핵심을 꼽아보자면 "천재일우로 밝은 임금과 어진 신하 만나서 / 어조(魚藻)의 기쁨은 끝이 없건만(明良時際會/魚藻懽無邊)"이라고 한 대목이다. 그리고, 이 안에서도 가장 중요한 시어는 '모일 회(會)'자와 '기뻐할 환(懽)'자를 꼽아야 할 것이다. 임금과 신하가 이렇듯 '모여서' 끝없는 '기쁨'을 느낀다는 것이 이 시의 주제이기 때문이다. 모여서 기쁜 곳. 경회루는 그런 곳이었다. 물론, 꼭 기쁜 일만 있지는 않았겠지만, 임금과 신하가 모여서 더없이 기뻤던 곳이 경회루였음을 기억해주시면 좋겠다.

　경회루에는 외국 사신들도 많이 왔었고, 우리는 명나라 사신 황홍헌과 조선의 원접사 이이가 주고받은 시를 보았다. 황홍헌이 이이를 처음 만나서는 산림처사가 아닌가 의심하였다가 이내 그를 존경하게 된 이야기도 재미있었고, 경회루에 당도한 후 두 사람이 지은 시에서도 높은 격조를 느낄 수 있었다. 특히, 5행의 수창이 기억에 남는데, 황홍헌이 "사방 군막에 늘어선 창으로 맹수같은 용사들이 호위해주고"라 한 것에 이이는 "몇 곡의 거문고 소리가 난간 밖에서 들려오나니"라고 화답한 대목이다. 이전까지 경회루 내의 풍경만 말하다가 그 주변으로 시선을 확장한 것인데, 이에 대해 이이는 청각의 확장으로 화답한 것이다. 더욱이 강한 '창'과 대비되는 '거문고'를 내세우면서 시의 맛을 달리한 변주도 가히 일품이었다. 경회루에서는 이렇듯 국제적인 시의 교류가 있었고, 그 수준도 무척 높았었음을 함께 기억해주셨으면 한다.

조선의 7대 왕 세조가 발영시에서 장원한 김수온에게 술을 내리며 지은 시도 빼놓을 수 없을 것이다. 이 시는 사실상 1행과 2행에서 하고 싶은 말을 다했다고 생각되는데, 다시 보자면 "좌불안석하며 현인을 구하였고 이미 적임자를 얻었는데 / 더구나 때 맞춰 내리는 비가 온 나라를 두루 적셨네"이다. 1행은 그토록 애타게 찾던 적임자가 바로 너라는 최상의 찬사이다. 시를 시작하자마자 바로 본론으로 들어간 것이다. 2행은 분위기를 끌어올린다. 이렇게 기쁜 날에 단비까지 내린다. 술맛 나는 날이구나. 내 직접 술을 내리겠다. 다만, 세조는 빼어난 신하에 대한 배려를 잊지 않았다. "기쁘고 흡족한 연회에서 빙빙 돌진 말게나" – 경복궁의 행복한 날이었다.

한편, 이행은 〈경복궁 동궁에서 숙직하다가 우연히 쓰다〉라는 시에서 다음 세대에 대한 고마움과 믿음을 담담하게 드러내었다. "언어는 맛이 적고 흰 머리는 늘어가는데 / 허리와 다리 시큰하고 두 눈도 흐릿하다네"라는 자기 고백은 서글프다. 하지만 바로 이어지는 "고맙구려 옥당의 여러 학사들이여 / 이 늙은이 이제부터 편히 쉴 수 있으니"라는 읊조림은 원숙한 경지에 이른 노대가의 품격을 느끼게 한다. 여러 번 읽어보아도 마음 한편을 적시는 울림이 있다. 경복궁 동궁에서 밤늦게까지 잠 못 이루다가 나직이 마음속 이야기를 중얼거려보는 늙은 선비의 모습을 상상해본다.

그리고 우리는 이황이 지은 두 편의 상량문을 보았다. 이번 장에서는 이렇게 여덟 편을 보았을 뿐이지만, 각 글들이 뿜어내는 다채로운 멋과 맛은 결코 녹록치 않았으리라 믿는다. 이렇게 말하고 싶다. 조선이 개국하고 임진왜란으로 폐허가 되기 전까지 경복궁이 겪어낸 197년은 우리가 앞에서 본 것과 같은 아름다운 글들이 있어 환한 빛을 품게 되었다. 그 빛이 지금 우리에게도 전해졌으니 긍지와 사랑으로 간직해주시길 바란다.

3

폐허로 누워 있었던 오랜 시간

3. 폐허로 누워 있었던 오랜 시간

임진왜란이 발발한 1592년은 조선의 제14대 왕 선조 25년이었다. 조선 건국 이후 평탄한 일만 있었던 건 아니며, 두 번이나 왕이 폐위되는 일(6대 단종, 10대 연산군)도 있었지만, 그런 시련을 겪고도 14대 왕까지 나라가 이어져 왔다. 하지만 임진왜란은 그 무엇과도 비할 수 없는 참혹한 시련이었다. 너무나 많은 백성들이 죽었고, 포로로 일본 땅까지 끌려간 백성들도 매우 많았으며, 왕실은 의주까지 피난을 가야 했다. 그리고, 한양에 있던 모든 궁궐들, 즉 경복궁·창덕궁·창경궁은 전부 불에 타 잿더미가 되었다.

전쟁이 끝난 후 경복궁을 재건하려는 노력은 분명히 있었다. 『선조실록』에서도 관련된 기사를 확인할 수 있는데, 경복궁 중건에 소요되는 비용이 너무 크다는 이유로 무산되고 말았다. 경복궁의 터가 좋지 않다는 의견도 있었다. 이에 따라 1605년(선조 38년)부터 창덕궁 중건 공사가 시작되었으며, 공사는 1609년(광해군 1년)에 마무리되었다. 경복궁은 폐허로 남겨둔 채 창덕궁을 다시 지은 것이다. 이어서 1615년(광해군 7년)에는 창덕궁과 연결돼있는 창경궁도 중건되었다.

앞에서도 언급하였지만 임진왜란 이전에도 왕들은 대부분 창덕궁에서 생활했으며, 국정 업무도 대부분 창덕궁에서 이루어졌다. 따라서 전쟁 이후 나라 살림도 어려운 마당에 명분(이때까지도 조선의 법궁은 엄연히 경복궁이었다)보다는 실리를 택한 것이라 할 수 있다.

실리를 택한 것 자체는 나쁘다 할 것이 없으나 한양의 중심이자 조선의 법궁인 경복궁이 폐허 그대로 남아있었다는 것은 뼈아픈 노릇이었다. 1865년(고종 2년)에 경복궁 중건 공사가 시작되기 전까지 무려 273년을 폐허로 누워 있었던 것이다.

경복궁 창건부터 임진왜란으로 전소되기까지의 기간이 197년이었으며, 경복궁 중건 공사가 완료된 1867년(고종 4년)부터 1910년 한일병합조약까지의 기간이 43년이다(1897년에 국호가 조선에서 대한제국으로 변경되었지만, 대한제국 시기도 조선의 역사로 포함시켰다). 이를 더하면 240년인데, 폐허였던 시간은 273년이었으니 결국 조선의 전체 역사 속에서 경복궁은 올곧게 서 있었던 시간보다 폐허로 있던 시간이 더 길었던 셈이다.

다만, 건물들이 복원되지 않은 폐허였다고 해서 273년 동안 완전히 방치되었던 것은 아니다. 조선왕조실록 홈페이지에서 임진왜란 이후 경복궁에 어떠한 일들이 있었는지 찾아보면 왕들이 찾아와 제사를 지내기도 하고, 경회루 연못 앞에서 기우제를 지내기도 했으며, 과거 시험을 치르기도 하였고, 노인들을 위한 잔치를 벌이기도 하였다. 또한, 남아있는 시문들을 보면 당시 경복궁 출입에 제한이 없었고, 궁궐 내 정원은 유람의 장소로도 각광받았던 듯하다.

이처럼 273년 동안의 폐허 경복궁은 건물들은 다 무너지고 없었지만, 사람의 발길이 끊긴 황무지는 아니었으며, 이따금 궁궐로서의 기능도 하였음을 알 수 있다. 물론, 임진왜란 직후 경복궁을 바라보는 심정과, 100년 후의 심정, 200년 후의 심정은 다를 수밖에 없었을 것이다. 이제 시간 순서대로 그때의 경복궁을 바라본 시들을 읽어보려 한다.

첫 번째로 보고자 하는 시는 전쟁 중에 쓰인 것이다.

정희맹, 〈경회루상춘(慶會樓傷春) 시에 차운하다〉

차운한다고 하였으니 〈경회루상춘〉이라는 시가 있었을 텐데, 그 시는 찾을 수 없고, 정희맹의 이 시만 그의 문집에 남아 전해졌다.

여기서 '상춘(傷春)'은 정극인의 〈상춘곡〉이나 '상춘객'이라고 할 때의 '상춘(賞春)'과는 다른 의미이다. 후자는 '상줄 상(賞)'이며 '기리다, 찬양하다'라는 뜻도 있다. 즉, '상춘(賞春)'은 '봄을 찬양한다', '봄을 즐긴다'라는 뜻을 갖는다. 전자는 '다칠 상(傷)'으로 '애 태우다, 근심하다'라는 뜻도 있다. 이러하니 '상춘(傷春)'은 '봄을 슬퍼한다', '봄을 앓는다'라는 뜻을 갖는다.

결국 '경회루상춘(慶會樓傷春)'은 '경회루에서의 봄을 슬퍼한다' 정도로 번역할 수 있을 것이다. 왜 경회루에서의 봄이 슬펐을까? 전쟁으로 인해 그 아름답던 경회루가 잿더미로 변했기 때문이다. 더욱이 정희맹(丁希孟, 1536~1596)은 왜군과 치열하게 맞서 싸운 의병장이었으므로 그 슬픔이 한층 더했을 것이다.

경회루 일원 큰 화재가 있었다 했으니 저 경회루도 없고, 주위를 둘러싼 푸른 나무들도 다 잿더미가 되었을 것이다. 남은 것이라곤 경회루 돌기둥들과 연못을 채운 물뿐이었을 터인데, 정희맹의 심정이 어떠했을지……

정희맹의 생몰 연대를 보면 1596년에 별세하셨는데, 임진왜란이 종결된 것은 1598년이다. 즉, 전쟁이 끝나기 전에 운명하신 것인데, 그렇다면 〈경회루상춘 시에 차운하다〉라는 시도 전쟁 중에 쓰인 것임을 알 수 있다. 물론 경복궁 앞에서 격렬한 전투가 벌어지는 와중에 지은 것은 아니겠지만, 아마도 임진왜란 발발 이후 한양에서는 전투가 없을 때 폐허가 된 경복궁 옛터를 거닐며 이 시를 지은 것이라 생각된다.

의병장 정희맹은 전쟁 중에 어떠한 이유로 경복궁에 오게 된 것일까? 알 수 없지만, 그보다 중요한 것은 무너진 경복궁 앞에 선 그의 마음이다. 시 속에 그의 마음이 담겨 있으니 함께 보도록 하자.

宮院遺基問莫分　궁궐 옛터는 물어도 분간할 수 없는데
西飛紫燕背斜曛　서쪽으로 나는 보라색 제비 등에는 비스듬한 석양빛
傷心輦路生春草　마음 아파라 임금께서 다니시던 길에 봄풀 돋으니
恢復何時建殿門　어느 때 회복하여 궁궐 문 다시 세울까?

첫 번째 행은 "궁궐 옛터는 물어도 분간할 수 없는데"이다. 많고도 화려했던 전각들이 모두 불에 타버려 이제는 어디에 무슨 전각이 있었는지도 분간할 수 없다는 것이다. 모든 것이 뒤섞이고 흩어져서 엉망이 되어버린 정경이 그려진다. 궁궐은 본디 질서정연한 곳이며, 각 건물마다의 위계도 분명한 곳이다. 하지만 전쟁으로 불타버린 경복궁에는 엄정한 질서 대신 마구잡이로 뒤엉킨 잿더미만 가득했을 것이고, 이를 바라보는 정희맹의 심정이 '물어도 분간할 수 없는데'란 말 속에 고스란히 투영되어 있다.

두 번째 행은 "서쪽으로 나는 보라색 제비 등에는 비스듬한 석양빛"이다. 정희맹이 시선을 돌렸음을 감지할 수 있다. 참담한 현장을 더는 볼 수 없어 짐짓 서편 하늘로 눈을 돌린 것이다. 눈을 돌려 바라본 하늘에는 보라색 제비가 날아가고, 그의 등에는 비스듬한 석양빛이 가로지른다. '서쪽', '보라색', '석양빛' 모두 처연한 느낌을 준

다. 서러움에 눈을 돌려보아도 역시 서러운 것들만 눈에 들어온 것이다. 어쩌면 보라색 제비 같은 것은 있지도 않았는데, 정희맹의 마음이 만들어낸 것일지 모른다. 붉은 석양빛 아래 서쪽으로 날아가는 제비 한 마리…….

세 번째 행은 "마음 아파라 임금께서 다니시던 길에 봄풀 돋으니"이다. 원문을 보면 첫머리에서부터 '상심(傷心)'이라 말하였다. 상심. 지금도 우리가 '상심이 컸다', '너무 상심하지 말아라' 등과 같이 많이 쓰는 말. 다칠 상, 마음 심. 상심. 무엇에 상심했는고 하니 임금께서 다니시던 길에 봄풀이 돋아났단다. 봄풀이야 흙 있는 곳이라면 어디에서나 돋아나는 것이지만, 임금께서 여전히 다니시는 길이라면 보이는 족족 뽑혀 나갔을 것이기에, 지금 봄풀이 돋아난다는 것은 임금의 발길이 끊겼음을 의미한다. 다름 아닌 '버려진 집에 잡초만 무성한데'—이런 상황인 것이다.

전쟁으로 인해 너무도 많은 사람들이 죽었고, 경복궁도 완전히 폐허가 되었는데, 그 폐허 위에도 봄이란 것이 찾아와서 풀이 돋아난다. 이것은 매년 반복되는 자연의 법칙일 뿐이며 생명의 위대함이기도 하지만, 이를 보고 슬픔을 느끼는 것이 또한 사람만의 유별남이다. 사람이기 때문에 돋아나오는 봄풀을 보면서 나라의 곤경을 생각하고, 임금의 곤경을 생각하고, 의병장으로 싸운 처절했던 나날들을 생각하고, 함께 싸우다 죽어갔던 전우들을 생각하고, 남겨두고 온 가족들을 생각하고…… 그런 일련의 생각들이 꼬리에 꼬리를 물면서…… 상(傷), 심(心). 마음이 아플 수 있는 것이다.

경복궁 빈터 지금 경복궁에 가보면 곳곳에 이런 빈터들이 있다. 일제강점기 때 파괴된 전각들을 아직 반에 반도 복원하지 못했기 때문이다. 지금은 말끔하게 잔디를 심어놓아 그냥 공원 같은 느낌이지만, 정희맹이 찾아왔을 때는 불에 탄 잔해들만 어지러이 나뒹구는 처참한 광경이었을 것이다.

　　마지막 행은 "어느 때 회복하여 궁궐 문 다시 세울까?"이다. 의병장답게 자신의 감정에만 매몰되지 않고, 새로운 건설의 날을 희망하였다. 그리고, '궁궐 문 다시 세울까'라고 한 것은 단지 궁궐 문의 복원에만 국한되는 말은 아닐 것이다. 즉, 이 시의 마지막 행은 '어느 때 회복하여 나라를 다시 세울까?', '어느 때 회복하여 백성들이 다시 일어설까?'라는 말을 모두 내포한 것이라 생각된다.

정희맹이 세상을 뜬 후 2년 뒤에 전쟁은 끝이 났다. 승리한 전쟁이라지만 조선이 입은 피해는 그야말로 막대하였고, 후유증도 길 수밖에 없었다. 경복궁이 다시 서는 데에는 무려 273년이 걸렸다. 그러나 조선왕조는 계속 이어졌고, 백성들 또한 일상의 모습을 되찾아갔다. 정희맹이 말한 '회복'이 오래지 않아 이루어졌던 것이다. 경복궁은 여전히 폐허로 남아있었지만.

숙종, 〈근정전 옛터에서 느낌이 있어〉

앞에서 밝혔듯이 경복궁이 폐허가 된 뒤에도 이곳을 찾는 이들은 있었고, 그중에는 왕도 있었다. 조선의 제19대 임금 숙종(肅宗, 1661~1720)도 재위 기간 중 어느 날에 경복궁을 찾았던 듯하다. 숙종은 장희빈 덕분(?)에 사극 드라마에서는 넘치도록 볼 수 있었던 왕인데, 여기에서는 장희빈은 잠시 잊고, 임진왜란 이후 경복궁을 찾아온 임금으로서만 생각해주시기 바란다.

『숙종실록』 가운데 숙종 6년(1680) 8월 29일자 기사를 보면 다음과 같은 내용이 보인다.

오시(午時)에 임금이 회맹제(會盟祭; 공신을 봉하고 임금이 공신들과 그 가족들을 데리고 천지신명과 종묘사직, 산천의 신에게 맹세하는 의식)를 지내는 곳으로 나아갔다. 궁궐을 나가서 경복궁의 옛터를 지나 사정전 터의 임시 막사에 이르러 대신(大臣) 김수항(金壽恒) 등을 만났다. 임금이 말씀

근정전 경내 숙종이 찾아왔을 때 저 늠름한 근정전은 기단석만 남아 있고, 바닥의 박석들만이 주욱 깔려있었을 듯하다. 그리고, 북악산은 근정전에 가리는 부분이 하나도 없이 다 드러나 있었을 것이다.

하셨다. "선왕(先王)의 법궁(法宮)이 황폐하여 이 지경이 되었구나. 이를 보니 개탄스러울 뿐이로다."

숙종이 이날 시도 지었는지는 알 수 없지만, 『숙종실록』 전체에서 숙종이 경복궁을 직접 찾았다는 기록은 위의 기사가 유일하다. 그렇다면 〈근정전 옛터에서 느낌이 있어〉라는 시도 이날 지었으리라 추정해볼 수 있다. 임진왜란이 종결된 것이 1598년이었으므로

1680년이면 전쟁이 끝난 후 82년 뒤이다. 이때 근정전의 상태가 무너진 잔해 그대로였는지, 잔해들은 말끔히 청소한 빈 터였는지는 알수 없지만, 그 늠름하던 근정전은 사라진 지 오래였고, 숙종의 말대로 황폐한 그곳에서 개탄스러운 마음을 금할 수 없었을 것이다.

물론 숙종은 1661년에 태어났으므로 임진왜란을 직접 경험한것은 아니었다. 다만 왕자의 교육에는 선왕들의 역사를 배우는 것이필수이므로 임진왜란에 대해서는 그야말로 귀에 못이 박히도록 들었을 것이 분명하다. 그러나 말로 듣는 것과 직접 보는 것은 다르다. 숙종은 이날 처음으로 경복궁 옛터를 찾아온 것으로 보이는데, 폐허로 변한 궁궐터를 보며 전쟁의 참상을 간접적으로나마 실감할 수있었을 것이다.

이에 숙종은 시를 지었다. 원제목은 〈근정전구기유감(勤政殿舊基有感)〉이다.

忍說龍蛇西狩初	차마 말하리오 임진왜란 때 의주로 피난 가시던 일을
先王宮殿已邱墟	선왕들의 궁전은 이미 폐허가 되었네
我來臨此百年後	과인이 백 년 후 이곳에 임하여
追憶當時倍歔欷	그때를 생각하니 흐느낌만 더해지네

작자가 어떤 심정이었는지 분명하게 전달된다. 마치 '임진왜란 이후 폐허가 된 경복궁을 처음 찾아온 임금이 시를 한 편 짓는다

면?'이라는 문제의 모범답안 같은 시이다. 모든 시구가 명명백백하여 쓱 읽고 지나치기 쉬운 글이지만, 천천히 다시 한번 보도록 하자.

첫 번째 행에서는 "차마 말하리오 임진왜란 때 의주로 피난 가시던 일을"이라 하였다. 임진왜란 발발 직후 선조는 여러 신하들과 함께 의주까지 피난을 갔다. 지도를 보면 알 수 있지만 의주는 압록강을 경계로 중국과 국경을 맞대고 있는 조선 영토의 최북단 중 한 곳이다. 왕이 수도를 버리고 이곳까지 피난을 갔다는 것은 조선 왕실의 큰 치욕이라 하겠는데, 숙종은 폐허로 변한 근정전 옛터에 와서 그때의 그 치욕부터 떠올렸던 것이다.

선조는 숙종의 증고조할아버지이다. 그리고, 경복궁 근정전은 조선 왕실의 권위를 상징하는 최고의 정전(正殿)이었다. 그러했던 곳이 전쟁으로 인해 이제는 황폐한 터전만 남아있으니 숙종으로서는 직계 조상의 치욕부터 생각난 것이 인지상정이었을 것이다. 근정전의 주인이자 중심은 왕이기에 (숙종이 실제로 보진 못했지만) 과거의 그 찬란했던 정경과 지금의 폐허가 너무도 대비되어 이와 같은 탄식부터 터져 나온 것이리라.

이 대목에서 임진왜란 당시 백성들의 고통에 대해서도 한 마디 언급이 있었더라면 더 좋지 않았을까 싶기도 하지만, 짧은 칠언절구 속에서는 많은 이야기를 할 수 없는 법이다. 그러므로 숙종은 자신의 가슴에 가장 먼저, 가장 강렬하게 육박해오는 그 감정에 집중해 이 시를 써내려간 것으로 보인다. 따라서 백성들 생각은 왜 못했냐고 따지는 것은 다소 지나친 감이 있다. 숙종이 시를 지은 장소 또한 궁궐 내의 근정전 옛터임을 고려해야 할 것이다.

두 번째 행은 "선왕들의 궁전은 이미 폐허가 되었네"이다. 이 시는 전체적으로 선경후정이라든지, 은유나 상징 등을 찾아볼 수 없는 그야말로 직설적인 시구로만 채워져 있다. 아마도 숙종은 참담한 풍경을 처음 목격하고 어떠한 문학적 수사도 떠오르지 않았을 것이며, 시를 좀 더 아름답고 세련되게 다듬어야겠다는 생각도 들지 않았을 것이다. 지금 당장의 생각과 느낌을 어떠한 여과 장치 없이 그대로 뱉어냈다고 할 수 있는데, 이 두 번째 행은 그 모든 것을 다 수긍하게 해주는 힘이 있다.

원문을 소리 내어 읽어보자면 "선왕궁전이구허(先王宮殿已邱墟)"인데, 이것은 명백한 사실인데다가 전쟁이 끝난 지 백여 년이 지났다지만 여전히 모든 조선인들의 마음속에 깊은 상처로 남아있었을 것이므로 읽자마자 강한 공감을 불러일으키게 된다. 현대를 살아가는 지금 우리가 보더라도 이 단순한 사실 표현, 즉 "선왕들의 궁전은 이미 폐허가 되었네"는 대단히 묵직한 느낌으로 다가온다. 이는 사실이 가진 힘이며, 숙종도 굳이 에둘러 말하지 않았음을 짚어두고 싶다.

세 번째 행은 "과인이 백 년 후 이곳에 임하여"이다. 이 역시 실제로 있었던 사실을 간략히 말한 것이지만, 이 속에 많은 사연들이 담겨있다는 것을 느낄 수 있다. 숙종의 재위기는 1674년부터 1720년가지인데,『숙종실록』기사로 추정했을 때 숙종이 경복궁을 처음 찾은 것은 1680년이다. 왕위에 오른 후 6년이나 지난 뒤에 경복궁을 가

본 것이다. 이미 임진왜란이 끝난 지 백여 년이 되어 가는데, 숙종은 더 시간을 지체한 뒤 마침내 경복궁을 찾았다. 그 지체한 만큼의 시간들이 '백 년 후'라는 말(원문에서도 '백년후(百年後)') 속에 담겼고, 지체한 시간 동안의 마음들이 '이곳에 임하여'라는 말(원문에서는 '임차(臨此)') 속에 담긴 것이라 생각된다.

임진왜란으로 경복궁이 폐허가 된 지 백여 년이 흘렀다. 경복궁에 대한 생각들도 그 세월 동안 켜켜이 쌓일 수밖에 없다. 임금의 입장에서는 더욱 그러했을 것이다. 일곱 살, 여덟 살 정도의 어린 왕자 시절부터 임진왜란이라는 역사적 사실에 대해 의식이 생겼을 것이며, 그 의식 속에는 경복궁도 자리하고 있었을 것이다. 성장하면서 의식은 자라고 이제 왕위에 오른 뒤 6년 뒤에야 머릿속으로만 상상했던 경복궁을 처음 가보게 된 것이다.

숙종이 왜 6년을 지체한 것인지 그 속마음을 헤아릴 순 없다. 뒤집어 생각하여 왜 6년 뒤에는 경복궁을 찾아갈 마음이 생긴 것인지도 알 수 없다. 다만, "과인이 백 년 후 이곳에 임하여"라는 시구 속에는 이러한 숙종의 마음들이 복합적으로 담겨있었을 것이고, 독자의 입장에서는 그 마음들을 조용히 상상해볼 수 있을 것이다. 상상해보시기 바란다.

마지막 행은 "그때를 생각하니 흐느낌만 더해지네"이다. 감정을 숨김없이 노출했다. 우리는 흔히 유교 문화라고 하면 대단히 엄격한 자기 규율과 욕망의 절제, 감정의 절제 등을 떠올리기 쉽다. 물론 그런 측면도 분명히 있지만, 나라에 대한 충(忠)과 부모에 대한 효(孝)

오른쪽에서 바라본 근정전 해 질 무렵이었고, 관람객들도 다 빠져나가 고요하였다. 숙종은 근정전 옛터에 와서 쉽사리 발걸음을 돌리지 못하였을 것이다. 아마도 사방이 어두워질 때까지 그곳에 서 있었을 것 같고, 그때를 생각하며 흐느낌만 더해가지 않았을지…….

와 관련해서는 감정을 적극적으로 드러내야 할 때가 있다. 가장 비근한 예로 부모님이 돌아가셨을 때에는 남자건 여자건 크게 소리내어 우는 것이 유교적 법도였으며, 이때 감정을 절제하면 도리어 큰 비난을 받게 된다. 나라를 걱정하며 우는 것도 진혀 흉잡힐 일이 아니었고, 오히려 높이 칭송받을 수 있었던 것이다.

숙종 또한 이러한 유교 문화가 뼛속 깊이 체화되어 있는 사람이다. 폐허가 된 근정전을 보는 것은 나라의 역사에 대한 슬픔과 조상의 곤경에 대한 슬픔을 동시에 불러일으킨다. 따라서 신하들 앞에서 소리 내 울더라도 부끄러울 것이 없었다. 이에 흐느낌만 더해진다는 감정 표현을 그대로 드러낸 것이다. 그때를 생각하니 흐느낌만 더해지네 – 사실 그대로의 직설적인 표현이지만, 정교한 문학적 수사보다 이런 단순한 표현이 심금을 울릴 때가 있다. 마음의 진실이 고스란히 느껴지기 때문이다. 숙종이 그 폐허 위에서 무슨 말을 더 보탤 수 있었겠는가? 그저 흐느껴 울 수밖에 없었던 그 마음이 마지막 일곱 글자에 담긴 것이다.

추억당시배희허(追憶當時倍欷歔) – 그때를 생각하니 흐느낌만 더해지네.

김창집, 〈요즘 경복궁에 꽃구경하는 이들이 많다고 들었다〉

제목이 예사롭지 않다. 바로 앞에서 숙종의 흐느낌을 보았건만 경복궁에 꽃구경이라니- 당황스러운 느낌이 든다. 하지만 임진왜란 이후 어느 정도 시간이 지난 뒤에는 경복궁이 유람의 장소로도 각광받았던 듯하다. (이러한 인식은 김용태 선생님(성균관대 한문학과 교수)의 논문 「조선시대 한시문에 나타난 경복궁에 대한 심상」(2016)을 통해서 얻게 된 것임을 밝힌다.)

우리는 앞에서 숙종이 근정전 옛터에 와서 슬픈 눈물을 흘린 시를 보았는데, 숙종의 생몰 연대는 1661~1720년이고, 김창집은 1648~1722년이다. 즉, 두 사람은 동시대 인물이며, 두 사람이 남긴 시도 같은 시대를 배경으로 하고 있다는 것을 알 수 있다. 그런데, 어떤 사람은 폐허가 된 경복궁 옛터에 와서 슬피 울고, 다른 어떤 사람은 술 들고 놀러왔다니 무척 괴이하게 느껴진다. 이는 왕과 왕 아닌 사람의 차이일까? 물론 그런 점도 있겠지만, 사실 잘 생각해보면 자연스러운 모습으로 여겨진다.

비근한 예를 들자면 6·25전쟁이 끝난 지 70여 년이 되었다. 6·25전쟁은 이 땅에 분단이라는 큰 상처를 남겼는데, 아마도 전쟁 직후 근 20년 정도는 휴전선 인근에 가서 웃고 떠드는 사람은 없었을 것이다. 하지만 지금 임진각에 가보면 가족 나들이를 나온 사람도 많고 데이트를 즐기는 청춘 남녀들도 흔히 볼 수 있다. 그들이 북녘 땅을 눈앞에 두고 웃고 떠들며 술 한 잔씩 나눈다고 해서 이상하게 보는 사람도 없다. 다만, 지금도 임진각에 와서 분단의 아픔을 되새기며 눈물 흘리는 사람도 있다. 이처럼 큰 역사적 상처도 세월이 지나면 무뎌지게 마련이고, 그러한 아픔을 상기하는 사람도, 아픔보다는 현재의 즐거움을 누리는 사람도 있는 것이 자연스러운 현상이다.

숙종과 김창집의 생몰 연대를 고려했을 때 그들이 시를 썼을 무렵은 임진왜란이 끝난 지 100여 년이 지난 뒤였다. 아마도 임진왜란 종전 이후 20~30년 정도는 폐허가 된 경복궁 옛터에 꽃구경 온 사람은 없었을 것 같지만, 이제는 100년이 지난 것이다. 개중에는 그때의 아픔을 곱씹으며 여전히 슬퍼하는 사람도 있을 터이고, 또 한편에서는 경복궁 옛터의 꽃들이 어여쁘다며 구경 오는 사람도 있었을 것이다. 물론, 꽃구경 온 사람도 폐허가 된 경복궁을 보며 비감에 젖었을 수도 있고, 슬픔을 곱씹던 사람도 어느 때에는 벗들과 웃고 떠들며 경복궁 옛터로 꽃구경 왔을 수도 있는 것이다. 우리가 익히 알듯이, 사람은 그런 존재인 것이다.

김창집(金昌集, 1648~1722)은 숙종과 경종 대에 우의정, 좌의정, 영의정을 두루 역임한 당대 최고 권력자 중 한 사람이었는데, 집안도 대단한 명문가여서(그 유명한 안동 김씨) 증조할아버지가 부제학, 예조판서 등을 지냈던 김상헌(金尙憲, 1570~1652)이고(소설과 영화로 만들어진 〈남한산성〉의 그 김상헌이다), 아버지는 좌의정, 영의정 등을 지낸 바 있는 김수항(金壽恒, 1629~1689)이다. 또한, 김창집의 친동생인 김창협(金昌協, 1651~1708)·김창흡(金昌翕, 1653~1722)도 학문과 문장으로 크게 이름난 인물이다.

그야말로 귀족 명문가에서 태어나 자신도 귀족의 정점에 올랐던 사람이라 하겠는데, 이러한 사람이 지은 시가 어떠한 내용인지 보도록 하자.

上林春色簡儀臺	궁궐 뜰의 봄 풍경은 간의대가 좋다 하니
日日遊人佩酒來	날마다 유람객들이 술을 들고 온다네
病客自憐門獨掩	병든 몸은 가련하게도 홀로 문 닫아두고
但聞扶醉放歌廻	그저 듣고 있다네, 취한 채 노래하며 돌아오는 소리를

첫 번째 행은 "궁궐 뜰의 봄 풍경은 간의대가 좋다 하니"이다. 원문으로는 '상림춘색간의대(上林春色簡儀臺)'여서 순서대로 직역하면 '궁궐 뜰, 봄 풍경, 간의대'가 되는데('상림(上林)'은 '상림원(上林苑)'의 줄임말로 중국 한나라 때의 궁궐 정원 이름이 '상림원'이었다. 여기에

태원전 앞 이곳이 김창집이 말한 간의대 주변이었던 것으로 보인다. 아마도 당시에는 숲도 우거지고 꽃도 만발해있고 계곡 물도 흐르는 멋들어진 풍경이지 않았을까 싶다.

서 기원하여 '상림원'이나 '상림'이라고 하면 궁궐 뜰을 의미하게 되었다), 문장 내에 동사가 없기 때문에 앞뒤 맥락을 보고 그 의미를 유추해내는 수밖에 없다. 다만, 유추하기가 어렵지는 않아서 '궁궐 뜰의 봄 풍경은 간의대 주변이 제일 좋다 하니' 정도로 생각하면 그리 어긋나진 않을 것이다.

간의대(簡儀臺)는 세종대왕 시절에 설치된 천문대인데, 천체 관측기구인 간의(簡儀)를 올려둔 디딤대였으므로 '간의대'라 한 것이다. 처음에는 경회루 북쪽에 설치되었는데, 이후 경복궁의 서북쪽인 신무문(神武門) 인근으로 이전되었다고 한다. 하지만 임진왜란으로 인해 크게 훼손된 것으로 보이는데, 경복궁 서북쪽 일대를 '간의대'라 부르던 관습이 아직 남아있었던 듯하다. (경복궁 간의대는 현재 흔적도 남아 있지 않으며, 창경궁에 가면 볼 수 있는 관천대(觀天臺)가 간의대와 유사한 형태였을 것으로 추정된다.)

지금 우리가 경복궁 서북쪽을 가보면 왕실의 빈전(殯殿; 왕·왕비·대비의 관을 모시던 곳)이었던 태원전(泰元殿)이 자리하고 있다. 이는 고종 때 경복궁을 중건하면서 건립된 것이며, 일제강점기에 완전히 헐렸지만, 2005년에 복원되어 오늘에 이른 것이다(한국민족문화대백과사전 참고). 이러하므로 김창집이 시에서 말했던 장소를 지금 찾아가보더라도 그때의 정취를 느껴볼 수는 없지만, 김창집 당대에는 이 일대가 경복궁 내에서도 가장 아름다웠던 듯하다. 제목에서 꽃구경이라 했으니 이곳에서는 푸른 녹음 속에 각종 꽃들이 만발했었던 모양이다.

두 번째 행은 "날마다 유람객들이 술을 들고 온다네"이다. 이 말을 그대로 믿는다면 당시 경복궁을 출입하는 데에는 아무런 제재도 없었던 것 같다. 오늘날 여러 사람들이 한강공원에 놀러오듯이 자유롭게 술을 들고 경복궁 안으로 들어왔다는 것인데, 김창집이 개인적으로 지은 시 속에서 굳이 과장된 허풍을 늘어놓을 이유가 없으니 믿어도 무방할 듯싶다.

날마다 유람객들이 술을 들고 왔다니 그 흥겨운 발걸음들을 상상해보게 된다. 사실 경복궁 주변으로는 북악산과 인왕산이 있어 마음먹고 자연을 즐기고자 했다면 그쪽으로 가는 편이 더 좋았을 것이다. 북악산 삼청동 계곡이나 인왕산 수성동 계곡 등은 이미 조선시대 때도 이름나 있었다. 많이 망가진 지금보다 훨씬 좋았을 것이 분명하다. 그렇게 좋은 곳이 경복궁 곁에 있었지만, 접근성 면에서는 역시 경복궁만 못하다. 동네 뒷산이라도 산은 산인 것이며, 경복궁에 출입의 자유가 생겼다면 이는 요즘 말로 도심 한복판의 자연친화형 공원인 것이다. 원래 임금의 처소였던 그 엄중한 곳을 자유롭게 드나드는 쾌감도 있었을 듯싶다. 그리하여, 날마다, 허다한 유람객들이, 술을 들고서, 경복궁 안뜰을 찾아왔다고 한다.

세 번째 행은 "병든 몸은 가련하게도 홀로 문 닫아두고"이다. 사람들은 저렇게 신이 나서 꽃구경을 가는데, 막상 작자 자신은 병이 들어 집 안에 있다는 것이다. 원문의 '병객(病客)'이란 표현을 보면 작자가 노년기에 이 시를 지었으리란 짐작이 든다. 김창집은 75세까지 살았으니 노년기도 짧지 않았을 것이며, '가련하게도 홀로 문 닫아두고'라는 말도 기력이 쇠한 노인을 연상케 한다.

그리고, '가련하게도'라는 말 속에는 부러움의 감정이 깃들어 있다. 나도 저 사람들처럼 술 들고 꽃구경 나가고 싶은데 병이 들어 그럴 수 없다는 심정이 느껴지는 것이다. 앞에서 언급했듯이 김창집은 정승 요직을 두루 거친 사람으로서 막강한 권력을 누린 인물이었지만, 그만큼 바쁘고 정신적 스트레스도 엄청난 삶을 살았을 것이다. 상상해보자면 이제야 늘어서 좀 쉬나 했더니 기력도 쇠하고 병이

들어 집에서만 옹송거리고 있는 처지였달까…… 그런 노인의 모습이 그려진다.

마지막 행은 "그저 듣고 있다네, 취한 채 노래하며 돌아오는 소리를"이다. 이 시의 제목은 '요즘 경복궁에 꽃구경하는 이들이 많다고 들었다(近聞景福宮多有賞花之行)'이고, 제목의 첫 두 글자는 '근문(近聞)'이다. '요즘 들었다'라는 뜻이다. 그런데 마지막 행의 첫 두 글자는 '단문(但聞)'이어서 제목과 마지막 행의 첫 두 글자를 서로 짝이 되게 맞추었음을 알 수 있다. 제목이 전하는 느낌을 마지막 행에서 다시 되살린 것이다. 그리고, 그중에서도 주목해봐야 할 핵심 글자는 '들을 문(聞)'이다.

이 시는 경복궁 꽃구경에 직접 참여한 사람이 쓴 것이 아니라, 홀로 문 닫아두고 집에 있는 사람이 쓴 것이다. 소설에 빗대자면 1인칭 관찰자 시점이라 할 수 있는데, 이 시에서의 관찰은 눈으로 보는 것이 아니라 귀로 듣는 것이며, 이것이 '들을 문'이라는 글자 속에 분명히 반영되어 있다.

전통 가옥 구조의 창문은 유리창이 아니라 종이로 덧발라진 것이기에 창문을 닫고 있으면 밖이 보이지 않는다. 이렇듯 보이지 않고 들리기만 한다는 것은 사람의 상상력을 자극하기 때문에 다분히 시적인 분위기가 조성될 수 있는데, 이와 관련하여 대단히 유명하고도 아름다운 시가 있어 소개해드리고자 한다. 아마도 한 번쯤은 들어보셨을 텐데, 당나라 때의 시인 맹호연(孟浩然)의 〈봄날 새벽(春曉)〉이란 시이다.

春眠不覺曉　　봄잠에 새벽이 온 것을 깨닫지 못했는데

處處聞啼鳥　　곳곳에 새 우는 소리 들리네

夜來風雨聲　　밤사이 비바람 소리 가득하더니

花落知多少　　꽃은 또 얼마나 떨어졌을지

두 번째 행에 '들을 문'이 보인다. 여기에서 시인이 본 것은 없으며, 오직 귀로 들으며 상상한 것을 적었다. 시인은 방 안에 누워 있을 뿐인데, 새 우는 소리로 새벽이 온 것을 느낀다. 그리고, 밤사이 비바람 소리가 많았던 것을 기억하며 그렇다면 그 비바람에 꽃은 얼마나 졌을지를 상상한 것이다. 봄날 새벽의 상쾌한 기운, 봄꽃이 지는 것을 아쉬워하는 마음, 간밤의 비바람 소리·새벽의 새 소리가 상기시키는 일상적이면서도 더없이 자연적인 느낌 – 이러한 모든 것들이 충만하게 어우러진 명편이다. 그리고, 이 시의 빼어난 아름다움에는 눈으로 본 것이 아닌, '귀로 듣는 행위'가 크게 작용했음을 부인하기 어렵다. 들린 소리를 가지고 의문을 가져본 것이 사람의 마음에 와 닿으며 감동을 주는 것이다.

김창집 또한 그저 듣고 있다. 무슨 소리인가 하면 경복궁에 꽃구경 갔던 이들이 취한 채 노래하며 돌아오는 소리이다. 바로 앞 행에서 '홀로 문 닫아두고(門獨掩)'라고 밝혀두었으니 귀로만 듣고 있는 것이 분명해 보인다. 어쩌면 두 번째 행에서 말한 "날마다 유람객들이 술을 들고 온다네"도 문 밖에서 들려온 소리로만 판단한 것일지 모르며, 첫 번째 행에서 말한 "궁궐 뜰의 봄 풍경은 간의대가 좋다

경복궁의 밤 달빛 아래 한복 입은 사람들이 오고간다. 김창집이 들었다는 '취한 채 노래하며 돌아오는 소리'가 이런 모습과 조금은 비슷했을지도 모르겠다.

하니"도 문 밖 유람객들이 떠드는 소리를 들으며 써둔 것일 수 있다. 제목을 다시 한번 보자. '요즘 경복궁에 꽃구경하는 이들이 많다고 들었다'이다.

　김창집의 시는 취객의 소리를 들으며 더 이상의 의문을 갖지 않았기에 맹호연의 시와는 다르지만, 의문을 표하지 않았다 해서 여운까지 없는 것은 아니다. 어떤 여운이 있을까?

　시는 네 줄로 끝났으나 김창집의 하루가 거기서 멈춘 것은 아니다. 병든 몸으로 홀로 문 닫아두고 취한 채 노래하며 돌아오는 소리를 그저 듣고 있다 했지만, 그 소리도 어느덧 잦아들 것이다. 그렇다면 남는 것은 고요한 적막뿐이고 날도 점점 어두워질 터이다. 밤은 길고, 기나긴 정적 속에서 병자는 더없이 쓸쓸했을 것이다. 이따금 주위를 지나는 사람들의 말소리나 개 짖는 소리 등이 들려올 수도 있겠지만 꽃구경 다녀온 이들의 떠들썩함에는 비할 바가 아니다. 그래서 이런 생각을 해보게 된다. 김창집은 꽃구경 다니는 이들의 왁자지껄함을 부러워하면서도 내심 기다리고 있을지도 모른다는, 그런 생각.

두 번째 행에서 유람객들은 '날마다' 온다고 했다. 그러니 날이 밝으면 유람객들의 흥겨운 행차 소리가 들려왔을 것이다. 병자에겐 이 소리가 삶의 활기를 새삼 일깨우는 소리로 들렸을지 모른다. 이후 지리한 낮 시간이 지나고 사위가 어둑해질 무렵이면 아까 그 무리들이 아침보다 더 떠들썩하게 취한 채 노래 부르며 돌아온다. 그 넘치도록 즐거운 기운들이 부러우면서도 반갑지 않았을지…….

김창집은 경복궁 안뜰에 놀다온 사람이 아니지만, 우리는 김창집의 귀를 통해 경복궁 꽃구경의 흥겨움을 간접적으로 느껴볼 수 있었다. 지금 경복궁에 나들이 가시는 분들은 300년 전쯤의 그 시끌벅적했던 유람객들의 흥취를 떠올려보시기 바란다.

이윤영, 〈경복궁〉

경복궁 유람객을 말한 시를 한 편 더 보기로 하겠다. 이번에 볼 시도 관찰자의 시선이 담긴 것이지만, 앞에서 본 김창집의 시와는 여러모로 다른 시이다. 나이를 보더라도 저자인 이윤영(李胤永, 1714~1759)은 김창집보다 66년 뒤에 태어난 인물이기에 김창집에 비하면 다음 시대를 살았던 사람임을 알 수 있다.

이윤영은 한산(韓山) 이씨로서 고려말 신진사대부들의 큰 스승이었던 이색(李穡)의 14대손이며, 담양부사 이기중(李箕重)의 아들이다. 이렇듯 명문가의 자손이었으나 과거에는 뜻을 두지 않고 자연을 벗하며 평생을 살았다고 한다. 다만, 그냥 놀러만 다닌 것은 아니고 글씨와 그림에 뛰어나 많은 작품을 남겼으며, 그가 남긴 그림은 국립중앙박물관 등 여러 곳에 소장되어 있다. (이상 한국민족문화대백과사전 참고) 요즘 말로 하자면 좋은 집안에서 태어나 취직 걱정 없이 자신이 하고픈 예술 활동을 즐기며 유유자적 살았던 인물이었다

할 것이다. 이러한 사람이 폐허가 된 지 150년 가까이 된 경복궁에
와서는 어떠한 시를 지었을까? 함께 보도록 하자.

北巒西嶽遠縱橫	북쪽과 서쪽으로 산줄기 멀리 뻗어있고
花氣氤氳遶石城	꽃기운 그득히 석성(石城)을 에워쌌네
坐草遊人懷往事	풀밭 앉은 유람객은 지난 일 회고하고
入林幽鳥作春鳴	숲속 깃든 산새들은 봄 소리 지저귀네
苔深未覺雙螭伏	이끼 깊어 교룡 한 쌍 엎드린 지도 몰랐는데
臺廢惟傳舊殿名	건물들은 무너져 옛 전각 이름만 전해질뿐
民物雍熙猶可驗	그래도 백성들 화평함은 증험되는 것이니
隔岡時見醉歌行	언덕 너머 때때로 취해 노래하는 이들 보인다네

　김창집은 경복궁에는 들어가 보지 못하고 집 안에 있으면서 유
람객들의 오고 가는 소리를 들으며 시를 썼지만, 이윤영은 경복궁
안에서 유람객들과 경복궁 경내를 직접 바라보면서 위와 같은 시를
썼다. 어딘지 쓸쓸한 느낌이 들지만 그리 슬프지는 않고, 흥겨운 기
분도 섞여 있지만 마냥 왁자지껄한 분위기도 아니다. 칠언율시여서
모두 여덟 줄인데, 첫 줄부터 자세히 살피도록 하겠다.
　첫 번째 행은 "북쪽과 서쪽으로 산줄기 멀리 뻗어있고"이다. 누
구나 알고 있듯이 경복궁 북쪽의 산은 북악산이고, 서쪽의 산은 인
왕산이다. 이렇듯 산과 인접해 있는 궁궐은 세계적으로도 드물다고
하는데, 지금 우리가 경복궁을 가보더라도 북악산과 인왕산은 궁궐

의 풍경을 만드는 데 대단히 중요한 역할을 한다는 것을 바로 직감할 수 있다. 그야말로 경복궁의 입장에서는 축복과도 같은 북악산과 인왕산인 것이다. 문인화가인 이윤영의 눈에도 이러한 산들의 정경이 가장 먼저 눈에 들어왔던 듯하다. 물론, 전형적인 한시 작법인 '선경후정'에 맞추어 이렇게 시를 시작한 것이기도 할 것이다.

두 번째 행은 "꽃기운 그득히 석성(石城)을 에워쌌네"이다. 첫 번째 행과 더불어 경복궁 주변의 '경(景)'을 표현하였다. 지금도 그 흔적이 남아있지만, 정도전이 처음 한양을 설계할 때 한양 전체(지금의 종로구와 중구 정도에 해당되는 지역)를 성곽으로 둘러쌀 계획을 세웠고 이를 실행하여 한양 성곽이 완성된 바 있다. 임진왜란으로 인해 성곽이 많이 훼손되었겠지만, 본래부터 돌로 쌓아올린 것이기에 목조건물과는 달리 그 형체는 대부분 남아있었을 것이다. 꽃기운이 그 성곽들을 에워쌌다고 하였다. 봄이 한창이었던 모양이다. 더없이 아름답고 여유로운 분위기가 느껴진다.

세 번째 행은 "풀밭 앉은 유람객은 지난 일 회고하고"이다. 이 시구를 통해 이윤영의 시대에도 경복궁 안뜰에 유람객들이 찾아왔음을 알 수 있다. 그런데, '지난 일 회고하고(懷往事)'라는 부분에서 돌연 긴장감이 느껴진다. 풀밭 앉은 유람객은, 유람객답게 그저 즐거우면 되는 것을, 굳이 조선의 크나큰 상처인 '지난 일'을 회고한다니…… 마냥 행복한 웃음을 지을 수 없는 긴장감이 감돌게 되는 것이다. 하지만, 아무리 유람객이라 해도 경복궁 내에 들어왔다면 성한 건물 하나 없이 모조리 폐허로 누워 있는 그 광경을 목격하지 않

경복궁 안 지척에 북악산이 보이고 나무들이 잘 우거져 있으며 한복 입은 사람들이 걸어간다. 이윤영 당시의 유람객들도 이쯤 어딘가에 놀러왔을 수도 있을 것 같다.

을 수 없었을 것이고, 꽃들 만발한 풀밭에 앉아서도 얼마간은 복잡한 심정에 휩싸일 수 있었을 것이다.

　다만, 풀밭 앉은 유람객이 어떤 생각을 하는지 이윤영이 알 도리는 없었을 텐데, '지난 일 회고하고'라 쓴 것은 어디까지나 이윤영의 상상일 뿐임을 염두에 두어야 할 것이다. 어쩌면 이윤영이 경복궁 안뜰에 와서 지난 일을 회고하게 된 것을 유람객이 그런 것이라고 그 마음을 '의탁'한 것일지도 모르겠다. 고등학교 국어 시간에 많이 배웠던 대로 시인들은 바람에 흔들리는 나뭇가지에도, 하늘 위 구름에도, 날아가는 새에게도, 유유히 흘러가는 강물에도 마음을 의탁하기 좋아하는 사람들인 것이다.

네 번째 행은 "숲속 깃든 산새들은 봄 소리 지저귀네"이다. 유람객들이 지난 일을 회고하건 말건 산새들은 제멋대로 지저귄다. 이렇게 보면 아무 생각 없는 산새들이 더 행복한 것도 같다. 임진왜란이 끝난 지도 150여 년 가까이 되었으니 유람객 중에 전쟁을 체험한 이는 아무도 없었을 것이고, 굳이 그때의 아픔을 되새겨보았자 현재의 삶에 득 될 것도 없을 텐데 사람이란 존재는 많은 생각에 휩싸여 살아간다. 그리고, 과거의 아픔을 다시금 반추하는 역사의식은 사람만의 고귀한 사유 활동으로 여겨진다. 그렇다는 것을 모르는 이는 없겠지만, 그냥 지저귈 뿐인 저 산새가 부럽게 느껴지기도 한다.

다섯 번째 행은 "이끼 깊어 교룡 한 쌍 엎드린 지도 몰랐는데"이다. 산새들의 지저귐으로 잠시 시선을 돌렸지만, 지난 일을 회고한다는 그 긴장감을 좀 더 밀고 나갔다. 교룡(蛟龍)은 상상 속의 동물로 용과 비슷한 생김새를 가지고 있는데, 궁궐 건물의 장식으로도 쓰였기에(지금도 경복궁에 가보면 각 건물들의 돌난간과 지붕 위에 여러 동물 장식이 있음을 볼 수 있다) 이윤영이 말한 교룡 한 쌍도 어떤 건물의 장식이었을 것이다. 그런데, 임진왜란으로 모든 건물들이 전소되었으므로 교룡 한 쌍도 자기 자리를 잃어버리고 땅바닥에 처박혀 있었던 것이고, 150여 년의 세월 동안 이끼가 그것들을 덮어버렸으니 깊은 이끼 속에서 교룡 한 쌍을 간신히 알아보았다는 것이다. 폐허가 된 경복궁을 바라보는 슬픔을 사람들마다 다르게 말할 수 있을 텐데, 이윤영은 이끼 속에 파묻힌 교룡 한 쌍을 언급하며 매우 내밀하고도 구체적으로 자신의 슬픔을 드러낸 것이다.

이어지는 여섯 번째 행은 "건물들은 무너져 옛 전각 이름만 전해질뿐"이다. 바로 앞의 행과 쌍을 이루면서 폐허 경복궁의 실감을 핍진하게 그려내었는데, 앞의 행도 그러했지만 가슴을 파고드는 예리함이 있다. 우리는 앞에서 '근정전', '사정전', '강녕전' 등의 이름을 지은 정도전의 생각을 자세히 읽어보았고, 경회루에 대한 하륜의 글도 읽어 보았다. 그 글들을 보면서 옛 선비들이 건물의 이름을 얼마나 중요하게 생각하는지, 그 이름에 담긴 뜻을 얼마나 소중하게 생각하는지를 배웠다. 더구나 그냥 건물도 아닌 궁궐 건물이니 그 이름 하나 하나가 얼마나 귀한 것이었는지를 짐작할 만한 것이다.

하지만, 경복궁 내의 건물들은 모두 무너져 내렸고, 이에 '저쯤이 근정전 자리였지', '이쯤에 사정전이 있었지'와 같은 말들만 오갔을 것이다. 저마다 깊은 의미를 담고 있는 그 이름들…… 이윤영은 이와 같이 옛 전각 이름만 전해지는 현실을 그대로 기록한 것이다. 표면적으로는 사실만 기록해두었을 뿐이지만, 그 사실 자체에서 느껴지는 슬픔이 있기에 바로 지나치지 못하고 여러 번 읊조리게 된다. 건물들은 무너져 옛 전각 이름만 전해질뿐. 건물들은 무너져 옛 전각 이름만 전해질뿐. 건물들은 무너져 옛 전각 이름만 전해질뿐. ………

일곱 번째 행은 "그래도 백성들 화평함은 증험되는 것이니"이다. 갑작스러운 전환인데, 이 한 줄로 인해 이 시만의 독특한 주제의식이 돋보이게 되었다. 앞의 두 행에서 보인 바와 같이 이윤영은 폐허로 누워 있는 경복궁의 실상을 구체적으로 드러내었다. 그러한 심상 그대로 시가 마무리될 수도 있었을 것이다. 그리하면 시의 주제는 '폐허로 변한 경복궁에서 느끼는 슬픔' 정도로 정리되었을 것이며, 그만큼 단순한 구조의 시가 된다. 단순한 시도 충분히 좋은 시일수 있지만(앞에서 본 숙종의 시는 단순한 시였지만 가슴 속에 깊이 남을만한 시였다), 이윤영은 그렇게 단순한 시를 쓸 생각이 없었던 것 같다. 이윤영이 시에 담고 싶었던 주제도 경복궁에서 느끼는 슬픔과는 거리가 있는 것으로 보여진다. 시 전체를 보면 보다 명확해지는데, 이윤영이 담고 싶었던 주제는 바로 이 일곱 번째 행에 와서야 분명히 드러난다. 5·6행에서 보인 슬픈 정조는 '폐허 경복궁에 와서 이러한 생각이 들기도 하였다'(혹은 '경복궁을 찾은 유람객들이 이런 생각이 들기도 할 것이다')라는 것이지, 이윤영이 정작 말하고 싶었던 바는 다른 데 있다. 그것은 무엇일까? 시구에 써놓은 그대로 '백성들의 화평함'이다. 교룡 한 쌍은 이끼 속에 파묻혀 있고, 궁궐 건물들은 무너졌지만 '그래도', 그럼에도 불구하고 백성들의 화평함은 증험된다는 것이다. 도대체 무엇으로 증험된다는 것일까?

마지막 행인 "언덕 너머 때때로 취해 노래하는 이들 보인다네"가 그 답이다. 전쟁이 벌어졌고, 경복궁은 완전히 무너져 내렸고, 여전히 복원되지 못한 채 폐허로 누워 있지만, 백성들은 그 폐허 위에서 술 마시고 노래하며 화평하게 삶을 즐긴다는 것이다. 물론, 경복궁 안뜰의 유람객만을 보고서 조선의 백성들이 다 화평하게 지낸다

근정전 이윤영의 상상 속에만 있었을 근정전. '건물들은 무너져 옛 전각 이름만 전해질뿐'이었지만, 당신의 후손들이 이렇듯 당당한 근정전을 다시 세웠노라고 말해주고 싶다.

고 말할 수는 없다. 하지만 이윤영은 저 폐허 위의 유람객들을 보고서 이제는 역사의 상처에서 놓여나 현재의 평화로움을 누릴 수 있는 백성들의 소소한 행복을 느낀 것이다.

숙종은 경복궁 옛터에 와서 흐느껴 울었다. 김창집은 경복궁에 꽃구경하고 오는 이들의 소리를 들으며 부러워하였다. 이윤영은 폐허 경복궁을 보며 슬픈 상념에 젖기도 하지만, 즐거워하는 유람객들을 보며 흐뭇해하였다. 경복궁이 폐허가 된 지도 100년이 훌쩍 넘어가면서 이렇듯 다층적인 생각이 담긴 시도 나오게 된 것이다. 세월이 흐른 만큼 경복궁에 대한 생각들도 그만큼 더 성숙해졌던 건 아닐지…… 이윤영의 시는 성숙한 시로 느껴진다.

정조, 〈경회루 연못〉

이제 이윤영보다 한 세대 뒤의 인물이 지은 시를 보고자 한다. 그 인물은 다름 아닌 조선의 22대 임금 정조(正祖, 1752~1800)다. 정조는 학문적 능력이 매우 뛰어난 도학군주(道學君主)로 정평이 나 있는데, 시도 즐겨 지어서 그의 문집인 『홍재전서(弘齋全書)』에 많은 시가 남아 있다. ('홍재'는 정조의 호이다.) (정조가 쓴 모든 글을 모아 놓은 『홍재전서』는 184권 100책인데, 조선뿐만 아니라 세계 역사상 어떤 왕도 정조만큼 방대한 저술을 남긴 경우는 찾기 어렵다고 한다. 책 속에는 실로 다양한 분야에 대한 다양한 장르의 글들이 수록되어 있다.)

이러한 정조가 어느 날 경복궁 경회루 앞을 찾아왔던 듯하다. 임진왜란으로 모든 경복궁 건물들이 불에 타 사라졌지만, 경회루 돌기둥은 남아 있었다고 한다(문화재청 국가문화유산포털 참고). 그리고, 경회루 앞의 사각형 연못도 남아 있었을 것이다. 지금도 그렇지만 경회루 연못은 자연적으로 물이 흘러 들어와 다시 빠져나가는 구조이기 때문에 경복궁이 폐허가 된 것과는 상관없이 연못 자체는 그대로 물이 차 있었으리라 추정할 수 있다.

정조는 돌기둥과 연못만 남아 있는 그곳에 와서 시를 지었다. 함께 보도록 하자.

百架高樓尙舊基　　일백 시렁 높은 누각은 여전히 옛터인데
十尋紋礎此深池　　열 길 속 무늬 초석은 이야말로 깊은 연못이네
我朝開刱規模大　　우리 조정의 창업 규모 크기도 하구나
小子今來燕翼知　　소자가 이제야 선왕의 자손 위한 계책 알았네

정조의 생몰 연대를 고려해보면 임진왜란이 끝난 지도 거의 200년이 되어가는 시점이었다. 경복궁 옛터에 와서 슬프게 흐느꼈던 숙종이 1661년생이니 숙종과도 100년쯤 차이가 난다. 정조의 시를 보면 슬픔과는 거리가 멀다는 것을 바로 느낄 수 있다. 세월이 그만큼 흐른 것이다. 물론, 숙종도 폐허 경복궁에 대해 마냥 슬퍼한 것만은 아닐 것이며, 정조 또한 경복궁의 아픈 역사를 돌아보며 슬퍼한 적도 있을 것이다. 다만, 위 시만 놓고 본다면 폐허 경복궁을 눈앞에 두고 미래지향적인 인식을 보인 것이어서 흥미롭게 다가온다. 첫 행부터 자세히 살펴보겠다.

첫 번째 행은 "일백 시렁 높은 누각은 여전히 옛터인데"이다. 그 높다랗고 화려했던 경회루는 사라지고 없다. 그래서 '여전히 옛터인데(尙舊基)'라고 하였다. 그런데, 여기에서 정조의 표현 방식을 주

경회루 연못 정조가 본 것은 경회루 돌기둥과 연못뿐, 저 뒤의 전각들도 전혀 없는 폐허였을 것이다.

목해보고 싶다. 이미 무너지고 없는 경회루를 보았을 때 그 '없음'을 먼저 생각하는 것이 일반적인 반응일 것이다. 숙종의 시를 다시 한 번 보자. 숙종은 시의 두 번째 행에서 "선왕들의 궁전은 이미 폐허가 되었네(先王宮殿已邱墟)"라고 하였다. '없음'을 없음 그대로 인식한 것이다.

하지만, 정조는 '없음'을 보면서 '있음'을 생각한 것으로 보인다. 그래서 '일백 시렁 높은 누각은(百架高樓)'이라고 하며 시를 시작한 것이다. 한글 번역을 과거형으로 바꾸어 '일백 시렁 높았던 누각은'

이라고 해도 마찬가지이다. 정조가 태어났을 때부터 경회루는 이미 무너진 상태였으므로 정조는 경회루의 실물을 본 적이 없다. 경회루와 관련해서 남아 있는 기록이나 시문 등으로 경회루가 어떤 모습이었을지 상상은 되었겠지만, 또 남아 있는 그림으로 경회루의 모습을 간접적으로 보았을 수도 있겠지만, 실물을 눈앞에서 본 적은 없는 것이다. 그럼에도 경회루라는 실체를 다 알고 있는 것처럼 태연히 '일백 시렁 높은 누각은'이라 한 것인데, 현재의 '없음'보다는 원래의 '있음'을 더 생각하고 싶었던 것은 아닐지…… 그런 추측을 해보게 된다.

'여전히 옛터인데'라는 표현도 같은 맥락으로 이해할 수 있다. '이미 폐허가 되었네(已邱墟)'와는 달리 '여전히 옛터인데'라는 말에는 부정적인 느낌이 없다. 현재는 건물이 존재하지 않고 그 터전만 남아 있다는 사실은 전달해주지만, 슬픈 뉘앙스가 없는 것이다.

이어지는 두 번째 행은 "열 길 속 무늬 초석은 이야말로 깊은 연못이네"라고 하였는데, 여기에서도 역시 없어진 것을 말하지 않고, 현재 '있는' 것만을 말하였다. 지금 우리가 보는 경회루는 돌기둥이 아무런 무늬도 없는 간결한 모양이지만, 임진왜란 전의 경회루 돌기둥은 꽃과 용 무늬가 새겨진 매우 화려한 모습을 하고 있었다고 한다. 이는 성종 때 경회루를 대대적으로 수리하면서 새겨 넣은 것이라고 하는데, 고종 때 경복궁을 중건하면서 경복궁 경회루는 지금과 같은 돌기둥으로 교체된 것이다(문화재청 국가문화유산포털 참고). 임진왜란의 참화에도 경회루 돌기둥은 남아 있었고, 그 돌기둥은 성종 때 화려한 장식을 한 것이었으므로 정조가 본 기둥 또한 꽃과 용무늬가 새겨진 그것이었을 것이다.

정조는 폐허 경복궁에 와서 무너진 것을 말하지 않고, 있는 것을 말하였다. 더욱이 '이야말로 깊은 연못이네(此深池)'라 말한 것은 찬탄의 뜻을 담고 있다. 경복궁을 찾은 대부분의 사람들이 그 무너짐을 슬퍼할 때 정조는 경회루의 높았던 모습을 상기해 내었고, 나아가 연못의 깊이에 시선을 돌려 이를 찬탄한 것이다. 찬탄할 만한 것이 거의 남아 있지 않았을 경복궁에서 '깊은 연못'을 바라보았다는 것, 그리고 그 연못의 깊이를 보며 찬탄할 수 있는 마음의 힘이 있었다는 것– 이러한 면모가 이 시 속에 깃들어 있음을 생각해주셨으면 한다.

세 번째 행은 "우리 조정의 창업 규모 크기도 하구나"이다. 이 시는 전형적인 선경후정의 기법을 따르고 있는데, 1행과 2행에서 보이는 풍경을 말하며 분위기를 조성했다면, 3행과 4행에서는 하고자 하는 말을 본격적으로 토로하였다. 우리는 1행과 2행에서 이미 정조가 경복궁에 와서 폐허의 슬픔을 말할 생각이 없음을 분명히 보았다. 그렇게 이 세 번째 행으로 이어졌는데, 드디어 정조가 하고 싶은 말을 꺼내든 듯하다.

폐허가 된 지 200년 가까이 되는 옛 궁궐터에 와서 "우리 조정의 창업 규모 크기도 하구나"라고 말한다는 것은 확실히 평범하지 않다. 하지만, 정조는 돌기둥과 연못만 남아있는 경회루 옛터 앞에 와서 조선 조정의 창업 규모를 생각하였다. 더욱이 그 규모가 아주 컸다며 찬탄하였다. 그렇다면 정조는 왜 이러한 생각을 한 것일까? 왜 조선왕조의 커다란 상처가 고스란히 남아있는 그곳에 와서 이토록 찬탄의 심정을 드러낸 것일까? 이어지는 마지막 행을 보도록 하자.

마지막 행은 "소자가 이제야 선왕의 자손 위한 계책 알았네"이다. 이제야 정조가 어떤 마음이었는지 알 것 같다. 숙종이 폐허 경복궁에 와서 과거를 회고하며 슬픔에 젖었다면, 정조는 같은 장소에 와서 미래를 다짐한 것이다. 오해 없기 바란다. 숙종이 틀렸고 정조가 옳았다는 것이 아니다. 숙종이 나약하고 정조가 강건하다는 것도 아니다. 폐허로 변한 옛 궁궐터에서 슬픔에 흐느낄 수 있는 것이며, 이를 나약하다고 할 수는 없을 것이다. 단지 정조는 이 시만 놓고 본다면 숙종과는 다른 태도를 보였을 뿐이며, 그것을 말하고 싶었을 따름이다.

정조는 시의 서두에서부터 '일백', '높은', '열 길', '깊은'과 같은 표현을 써가며 경회루에 대한 찬탄의 뜻을 담았다. 그리고, 3행에 와서는 아예 노골적으로 "우리 조정의 창업 규모 크기도 하구나"라고 하며 선대 왕에 대한 존경심을 드러내었다. 1행에 쓰인 '높을 고(高)', 2행에 쓰인 '깊을 심(深)', 3행에 쓰인 '클 대(大)'를 다시금 눈여겨봐주시기 바란다. 정조는 최선을 다해 조선 왕실에 대한 존경을 표한 것이다.

눈에 들어온 폐허를 보며 부정적인 생각이 들었을 수도 있는데, 그러한 생각들은 완전히 배제한 채 높고, 깊고, 크다고 찬탄하였다. 이러한 존경의 마음이 그대로 이어져 "소자가 이제야 선왕의 자손

경회루 정조가 머릿속으로 그려본 높고 깊고 큰 경회루는 이런 모습이었을까? 정조 사후 정확히 67년 뒤에 이와 같은 경회루가 세워졌다.

위한 계책 알았네"라고 한 것이다. 이는 자신에게 맡겨진 사명을 다하겠다는 굳건한 다짐이다. 물론, 과거에는 이러이러한 과오가 있으니 나는 그러지 않겠다는 다짐을 할 수도 있다. 그러나 정조가 선택한 방식은 과거에 이룩한 선왕들의 업적에 존경을 표하면서 이를 기반으로 미래를 열어가겠다는 것이다.

조선 왕실에 과오가 많았다는 것을 정조도 모르지 않았을 것이다. 과거의 잘못을 정확히 직시해야만 조금이라도 발전할 수 있다는 사실도 잘 알고 있었을 것이다. 다만, 잘못만을 강조하면 패배의식에 사로잡힐 수 있다. 폐허 경복궁에 대해서도 오랜 시간 슬픔, 자책, 비난, 분노 등이 쏟아졌을 것이며, 그러한 생각들이 깊은 무의식으로 자리 잡았으리라 짐작된다. 아무리 경복궁에 꽃구경 가는 세월이 되었다지만 그러한 무의식이 일시에 사라졌을 것 같진 않다.

이에 정조는 폐허 경복궁에 와서 '다른' 인식을 가져보려 한 듯하다. 무엇이 다른지는 이미 우리가 잘 보았는데, 정조의 다른 인식이 무척이나 반갑고 고맙게 느껴진다. 지난 역사에 대한 반성도 중요하겠지만, 긍지와 자부심도 그 못지않게 중요한 것이다. 더욱이 무너진 지 오래인 옛 궁궐터에 와서 긍지와 자부심을 드러낸 그 정신적 힘이 참으로 소중하게 다가온다.

3장을 맺음하며

지금까지 경복궁이 폐허였을 때의 시들을 한 편씩 읽어보노라니 그 긴 시간 동안 경복궁이 완전히 외롭진 않았었겠구나, 하는 안도감 같은 것이 가슴을 채운다. 그때를 살았던 사람들이 폐허 경복궁에 대한 시를 써서 다행이고, 그 시들이 지금까지 전해져서 다행이다. 만약 시를 쓰지 않았고, 썼더라도 전해지지 않았다면 그때 그 사람들의 마음을 지금 우리가 알기는 어려웠을 것이다. 몇 줄의 역사 기록과는 다른, '사람의 마음'이 시 속에는 깃들어 있는 것이다.

우리는 먼저 의병장 정희맹의 〈경회루상춘 시에 차운하다〉를 보았다. 제목에서의 '경회루상춘'이란 '경회루에서 봄을 슬퍼하다'라는 뜻이니 그러한 시에 차운한 것인데, 이 시는 임진왜란 중에 폐허로 변한 경복궁에 와서 쓴 것이어서 더욱 애잔한 느낌이 있다. 시는 "궁궐 옛터는 물어도 분간할 수 없는데"라는 말로 시작하였다. 다 무너져 내려 어디가 어딘지 분간할 수가 없다는, 그야말로 기가 막힌 심정이 담겨 있다. 정희맹은 할 말을 잃고 시선을 돌렸던 것 같다. 그래서 "서쪽으로 나는 보라색 제비 등에는 비스듬한 석양빛"이라 하였다. 석양빛을 받으며 서쪽으로 날아가는 제비 한 마리…… 침묵 속에 많은 감정들이 뒤섞였을 듯하다. 그래도 마냥 외면할 순 없었기에 다시 옛 궁궐터를 내려다본다. "마음 아파라 임금께서 다니시던 길에 봄풀 돋으니" – 내려다본 궁궐 길에는 봄풀이 돋아 있다. 임금께서 다니셨다면 보이지 않았을 잡초들인데, 무성한 잡초들을 보며 끝내 감정을 드러내었다. 상심(傷心). 마음이 아팠다. 정희맹은 마음이 아팠다고 했다. 그리고, 마지막 한 줄이 더 있었는데, "어느 때 회복하여 궁궐 문 다시 세울까?"라는 말로 시를 맺었다. 나라의 회복을 바라는 의병장 정희맹의 마음이 느껴진다. 정희맹은 임진왜란의 종결을 보지 못하고 별세하였다. 정희맹 사후 나라는 조금씩 회복되어갔으나 경복궁 문이 다시 서기까지는 273년이 필요했다.

전쟁이 끝나고 100년 가까운 세월이 흘렀을 때 조선의 제19대 임금 숙종이 폐허 경복궁을 찾아왔다. 그리고는 〈근정전 옛터에서 느낌이 있어〉라는 시를 남겼다. 시의 두 번째 행은 "선왕들의 궁전은 이미 폐허가 되었네"이다. 어떠한 문학적 수사도 없이 있는 그대로를 말하였다. 있는 그대로가 명백한 사실이었고, 그 사실 속에 많은 슬픔이 내재되어 있기에 있는 그대로의 말이 마음을 적신다. 이어지는 3·4행도 그러했다. "과인이 백 년 후 이곳에 임하여 / 그때를 생각하니 흐느낌만 더해지네" – 직설로만 되어 있는 이 시는 '흐느낌만 더해지네'라는 말로 맺음하였는데, 숙종의 마음을 알 것 같아 같이 흐느끼는 심정이 된다. 앞에서 썼던 말을 한 번 더 반복하자면, 숙종이 그 폐허 위에서 무슨 말을 더 보탤 수 있었겠는가? 그저 흐느껴 울 수밖에 없었던 그 마음이 마지막 일곱 글자에 담긴 것이다. 추억당시배희허(追憶當時倍欷歔) – 그때를 생각하니 흐느낌만 더해지네.

한편, 숙종과 동시대 인물인 김창집은 〈요즘 경복궁에 꽃구경하는 이들이 많다고 들었다〉라는 시를 지었다. 임진왜란이 끝난 지

100년. 같은 장소에서 누군가는 흐느껴 울고, 다른 누군가는 꽃구경 다니는 세월이 된 것이다. 다만, 김창집은 자신이 꽃구경을 간 것이 아니라 집 안에 병들어 누워 있으면서 경복궁 안뜰로 꽃구경 다녀 오는 사람들의 소리를 들으며 이 시를 썼다. 시의 전반부는 "궁궐 뜰 의 봄 풍경은 간의대가 좋다 하니 / 날마다 유람객들이 술을 들고 온 다네"라고 하며 유쾌하게 시작했다. 하지만, 후반부에서는 "병든 몸 은 가련하게도 홀로 문 닫아두고 / 그저 듣고 있다네, 취한 채 노래 하며 돌아오는 소리를"라고 하면서 병자의 부러움 섞인 고백이 토 로되었다. 그런데, 이 고백이 마냥 쓸쓸하게만 다가오지 않는 것은 유람객들의 왁자지껄한 활기가 병자에게도 기운을 북돋아주지 않 았을까 하는 상상 때문이었다. 날마다 때맞춰 들려오는 유람객들의 소리— 그 소리를 김창집이 기록해놓은 덕분에 우리는 경복궁 안뜰 에서의 흥겨운 유람 풍경까지 떠올릴 수 있게 된 것이다.

시간은 좀 더 흘러 전후 150여 년이 되었을 때 문인화가 이윤영 은 〈경복궁〉이란 시를 남겼다. 그는 "이끼 깊어 교룡 한 쌍 엎드린 지도 몰랐는데 / 건물들은 무너져 옛 전각 이름만 전해질뿐"라고 하 면서 폐허가 된 경복궁을 슬퍼하는 심정도 드러내었지만, "그래도 백성들 화평함은 증험되는 것이니 / 언덕 너머 때때로 취해 노래하 는 이들 보인다네"라고 하면서 이제는 평화로운 일상을 누리는 백 성들이 화평함을 기뻐하는 태도를 보여주었다. 폐허 경복궁에서 슬 픔을 느끼기도 하지만, 바로 그 폐허 위에서 백성들은 즐겁게 노닐 기도 하였다. 이야말로 백성들의 화평함이 증험되는 것이니, 이윤영은 조선 백성들이 이뤄낸 역사적 상처의 극복을 아름답게 그려낸 것이다.

마지막으로 우리는 정조의 〈경회루 연못〉을 보았다. 이제 임진왜란이 끝난 지도 200여 년이 되어가는 시점이었는데, 정조는 폐허 경복궁에 와서 슬퍼할 마음이 아예 없었던 것 같다. 시작부터 "일백 시렁 높은 누각은 여전히 옛터인데 / 열 길 속 무늬 초석은 이야말로 깊은 연못이네"라고 하면서 마치 본래의 경복궁이 그대로 있는 것처럼 말하였다. 그리고는 "우리 조정의 창업 규모 크기도 하구나"라고 하였다. 폐허로 변한 경복궁에 와서 조선 왕실에 대한 존경심을 표한다는 것이 매우 이상하게 들릴 수도 있지만, 정조는 그렇게 말하였다. 왜냐하면, "소자가 이제야 선왕의 자손 위한 계책 알았네"라고 하면서 선왕들의 업적에 대한 긍지와 자부심을 갖고, 그 기반 위에서 자신에게 주어진 사명을 다하겠노라는 정신적 힘이 정조에게는 있었기 때문이다.

정조 사후 65년 뒤에 경복궁은 중건 공사를 시작하게 되었다. 경복궁은 참으로 오랜 시간을 폐허로 누워 있었지만, 그 시간도 끝날 때가 있었던 것이다. 앞에서도 말하였듯이 폐허로 누워 있던 273년 동안 경복궁을 잊지 않은 사람들이 시를 남겨 주어서 참으로 다행이다. 우리는 그 시들을 읽으며, 상처가 조금씩 아물어가는 과정들을 보았다. 그리고, 마침내, "우리 조정의 창업 규모 크기도 하구나"라는 강한 긍정과 자부심까지도 볼 수 있게 된 것이다.

4

경복궁, 다시 태어나다

4. 경복궁, 다시 태어나다

　1395년(태조 4년)에 경복궁이 처음 이 땅 위에 세워졌다. 197년을 그렇게 서 있으면서 많은 일을 겪었지만, 전쟁으로 완전히 무너져 내려 273년을 폐허로 누워 있었다. 그리고, 경복궁이 처음 세워진 지 470년이나 지난 뒤에야 경복궁을 새로 짓는 공사가 시작되었다. 1865년, 고종 2년 때였다. 당시 고종의 나이가 14세. 나이로만 보아도 고종이 혼자만의 생각으로 경복궁을 중건하라고 명령한 것은 아님을 알 수 있다.

　모두가 알다시피 경복궁을 중건하겠다는 뜻을 세우고 이를 밀어붙인 것은 고종의 아버지인 흥선대원군 이하응(李昰應, 1820~1898)이었다. 그는 어떻게 그 전의 왕들이 생각은 있었지만, 차마 엄두를 내지 못했던 경복궁을 중건하겠다고 했던 것일까? 그것도 주위의 엄청난 반대에 직면했으며, 백성들의 여론도 매우 좋지 않았고, 나라 살림에도 큰 무리가 되었던 대규모 토목 공사를 왜 그렇게 밀어붙였던 것일까? 더욱이 새로 중건된 경복궁은 태조 때의 경복궁에 비해 10배 이상의 규모였다고 하니 참으로 부담스러운 공사를 벌였던 것이다.

　대원군이 이처럼 힘겨운 공사를 밀어붙였던 이유는 왕권 강화가 가장 큰 목적이었다고 한다. 조선 제일의 법궁을 이전보다 더 크게 확장해 중건하여 왕실의 위엄을 세우고 강력한 중앙집권체제를 확립하려 했다는 것이다. 의도는 이해가 되지만, 백성들의 원망이 가득했고, 국가 재정을 너무도 많이 소비했다는 점에서, 그리고 정작 당사자인 대원군 실각에도 영향을 미쳤다는 점에서 경복궁 중건은 대원군의 큰 실책으로 여겨지는 듯하다.

하지만, 경복궁의 입장에서만 본다면 이때 무리를 해서라도 중건한 것이 참으로 다행이었다고 생각된다. 비록 일제강점기를 거치며 대부분의 전각이 크게 훼손되었지만, 근정전과 경회루 등은 남아있었고, 중건 당시와 그 이후의 기록도 적잖이 남아 있어서 1990년대 이후 본격적인 복원사업을 벌일 때 그 기반이 되어줄 수 있었던 것이다.

만약 대원군의 경복궁 중건이 없었더라면 일제강점기 때의 큰 훼손도 없었겠지만, 광복 이후 그 어려웠던 시절에 경복궁은 여전히 폐허로 남아있었을 것이고, 아마 1990년대쯤에 와서는 복원사업이 진행되었겠지만 지금 우리가 볼 수 있는 경복궁보다 훨씬 더 볼품없고 역사성을 찾기도 어려웠을 것이다.

이러하므로 다시 태어난 경복궁에, 지금 현대인의 입장에서 감사한 마음을 갖고 싶다.

경복궁 중건 공사가 완료된 때는 1867년(고종 4년)이며, 이때부터 1910년 한일병합조약까지를 헤아려보면 모두 43년이었다. 그토록 힘겹게 조선 왕실의 최고 궁궐을 다시 완성해냈지만 50년도 못되어 나라가 망했던 것이다. 이로써 조선왕조는 역사 속으로 사라졌지만, 경복궁은 여전히 그 자리에 말없이 서 있다.

이때에 나온 경복궁 관련 시문들은 찾아보기가 어려운데, 다행히

『경복궁영건일기(景福宮營建日記)』라는 서책에 볼만한 문장들이 있어 그 중에 두 편을 선별하였다. 한 편은 이 책의 편찬 책임자이기도 한 원세철의 〈경복궁영건기〉이며, 또 한 편은 고종의 〈반교문〉이다(〈반교문〉은 『고종실록』에도 수록되어 있다). 원세철의 글은 경복궁 중건 공사를 시작할 즈음에 집필된 것이며, 고종의 글은 공사가 완료된 후에 발표된 것이다.

『경복궁영건일기』는 현재 일본 와세다대학교 중앙도서관에 소장되어 있는 9책의 필사본으로 "경복궁의 영건이 결정된 1865년 4월 1일부터 경복궁이 완공되어 고종이 이어(移御)한 1968년 7월 4일에 이르기까지 모두 3년 3개월여 동안 하루도 빠짐없이 공사의 진행 현황과 자금 및 물자의 조달 상황을 기록한 일기이다."(『국역 경복궁영건일기 1』(서울역사편찬원, 2019) 참고. 따옴표로 묶은 부분은 이 책의 8쪽에 있는 내용을 그대로 인용한 것이다.)

그럼 원세철의 글부터 보도록 하자.

원세철, 〈경복궁영건기〉

이 글의 저자인 원세철(元世澈, 1817~?)은 1864년, 그의 나이 48세 때 처음으로 효문전(孝文殿) 참봉(參奉, 종9품의 최말단직 품관)이라는 벼슬을 갖게 되었으며, 경복궁 중건 공사가 시작된 이듬해인 1866년에 영건도감(營建都監)의 낭청(郎廳, 비변사·선혜청 등의 실무 담당 종6품 관직)이 되었다. 그리고, 1867년에는 한성부 주부(主簿, 관서의 문서와 부적을 주관하던 종6품 관직)로 임명되었는데, 『경복궁영건일기』 제1권의 서문에 보면 "한성부 주부 원세철이 1865년 4월부터 1868년 7월까지 일기를 주관하여 9권을 편찬하였다."라는 기록이 있어 그가 『경복궁영건일기』의 편찬 책임을 맡고 있었음을 알 수 있다. (이상 『국역 경복궁영건일기 1』(서울역사편찬원, 2019) 참고)

'○○○기'라는 제목을 갖는 대부분의 기문(記文)은 건물을 다 지었을 때 집필되는 것이 일반적이다. 하지만, 원세철의 〈경복궁영건기〉는 경복궁을 이제 짓기 시작했을 때 쓰인 글이다. '영건(營建)'

경복궁 앞 공사 현장 이 책을 마무리 지어가는 지금(2022년 9월) 경복궁 앞에는 월대 공사가 한창이다. 1865년 그때의 공사 현장은 지금과 많이 달랐겠지만, 비슷한 점도 있었을 것이다. 얼마 안 있어 광화문 앞에는 번듯한 월대가 들어설 텐데, 이 사진도 과거의 기록이 될 것이다.

이란 '건물을 짓는다'라는 뜻이니 제목을 〈경복궁기〉라 하지 않고, 〈경복궁영건기〉라고 한 것이 다 이유가 있었던 셈이다. 고종 연간에 경복궁의 중건 공사가 시작된 것은 그야말로 '역사적인' 일이었기 때문에 공사를 시작할 즈음에 기문을 쓴 것도 충분히 이해할 만하다. 다만, 경복궁이 다시 완공되었을 때의 기문을 찾아볼 수 없는 것은 아쉬운 점이며(『경복궁영건일기』에도 없고, 다른 고문헌들을 검색해보아도 찾을 수 없었다), 다시 태어나는 경복궁에 대한 첫 글이 당대의 문장가 손에서 집필되지 않은 것도 아쉬운 점이다.

벼슬이 높지 않고 유명한 인물이 아니라 해서 원세철을 무시할 이유도 없고, 꼭 유명한 사람이 짓는다고 좋은 글일 리도 없겠지만, 글의 내용을 보면 문학성을 느낄만한 여지가 없어 아쉬움이 남는다는 것이다. 물론 원세철의 〈경복궁영건기〉는 최대한 아름다운 글을 짓고자 하였는데 저자의 역량이 부족해 작품성을 논하기 어려운 글이 된 것이 아니라, 애초에 경복궁 영건의 정당성을 적극적으로 옹호하기 위해 집필된 글임을 알아둘 필요가 있다. 그럼에도 경복궁의 중건 공사가 한창 진행되는 와중에 『경복궁영건일기』라는 방대한 기록을 주관한 사람이 어떤 글을 지었는지 한번쯤은 읽어두어도 좋을 듯하다. 바로 처음부터 보도록 하자.

우리 임금께서 즉위한 이듬해인 을축년(1865, 고종 2년) 3월, 의정부를 수리할 때 대청의 섬돌 아래에서 평평한 돌 하나가 나왔다. 그 색은 검었으며, 그 모양은 위는 둥글고 아래는 네모졌다. 새겨진 내용에 이르기를, "계해년(1863, 고종 즉위) 말에서 갑자년(1864, 고종 1년) 초에 새로운 왕이 등극하더라도 나라를 이을 자손이 또 끊어질 것이니 두려워하지 않을 수 있겠는가? 경복궁을 다시 짓고 보좌를 옮기면 성자신손(聖子神孫)이 대를 이어오면서 국운이 다시 연장될 것이며 백성이 부유해지고 번성할 것이다."라고 하였다. 아래의 제목에는 '동방노인비결(東方老人祕訣)'이라 적혀 있었고, 뒷면에는 "을축년 3월

의정부를 수리할 때 이 돌이 드러날 것이니, 이를 보고도 아뢰지 않으면 동국(東國)의 역적이다."라고 쓰여 있었다.

　재미있는 기록인데, 동방노인의 비결이라는 내용이 너무도 노골적이어서 누군가의 연출이 개입되었음을 짐작케 한다. 아마도 의정부를 수리하는 공사 현장에 몰래 잠입하여 미리 제작해둔 비석을 파묻었을 것으로 보인다. 본래 비결이란 짧고 함축적이면서도 표현이 좀 은유적이어야 신비로운 느낌이 드는데, '경복궁을 다시 짓고 보좌를 옮기면' 같은 말은 너무 구체적이고, '을축년 3월 의정부를 수리할 때 이 돌이 드러날 것이니'라는 말에 이르면 실소를 금할 수 없게 된다. 이러한 연출을 평범한 개인이 벌였을 리는 없고 '강력한 권력을 가진 윗선의 지시'가 있었을 텐데, 그러한 윗선이 누구였는지는 다들 짐작하는 그분(흥선대원군)이지 않았을까 싶다. 그분 정도면 매우 세련된 비결을 적어줄 수 있는 실력자를 충분히 섭외할 능력이 되었을 텐데, 너무 서둘렀던 것일까?

　내용 중에 "경복궁을 다시 짓고 보좌를 옮기면 성자신손(聖子神孫)이 대를 이어오면서 국운이 다시 연장될 것이며 백성이 부유해지고 번성할 것이다."라는 말이 있는데, 거듭 읽을수록 마음이 착잡해진다. 이 비결이 말한 대로 조선왕조는 경복궁을 다시 짓고 보좌를 옮겼다. 하지만 국운이 연장되거나 백성이 부유해지지는 못했다. 오히려 무리한 공사를 막무가내로 밀어붙인 탓에 나라 살림이 크게 어려워졌으며, 대원군이 실각하는 계기가 되기도 하였다. 더욱이 경복궁의 중건 이후로 조선의 국운은 오래 가지 못했고, 공사가 완공된 이후 정확히 43년 만에 한일병합조약을 맞게 되었다. 동방노인의 비결과는 정반대의 상황이 펼쳐진 것이다.

글을 좀 더 보기로 하자.

이 비기가 나온 것은 이번 달 그믐이다. 공사 중인 인부가 얻어서 대원위 합하에게 바쳤고 임금께 아뢰자 이내 경복궁을 중건하는 거조가 있게 되었다. 대원위 합하가 먼저 3만 꿰미의 돈을 내어 창설하게 하였으니, 바로 4월 4일의 일이다. 이에 벼슬아치와 어린아이부터 하인과 천인에 이르기까지 기뻐하지 않는 사람이 없이 서로 알리고 마음을 다해 원납하였다. 5일 뒤에는 대왕대비께서 특별히 10만 금을 내려 공사 비용에 보태도록 하였다. 바야흐로 공사가 시작되자 멀고 가까이에 사는 백성들이 삼태기와 가래를 가지고 식량을 지참하여 서로 다투어 달려오는 것이 마치 아들이 아버지의 일에 오는 것과 같았는데, 하루에 일만 명을 헤아렸다.

공사 중인 인부가 비석을 얻었다고 했다. 이렇듯 평범한 사람이 '우연하게' 발견하는 것이 가장 그림이 좋았을 것이다. 그 비석은 당대 최고 권력자인 대원위 합하에게 바쳐졌다. 그리고, "임금께 아뢰자 이내 경복궁을 중건하는 거조가 있게 되었다." – 각본대로 착착 진행된 느낌이 든다. 대원군은 이미 경복궁 중건의 결심을 굳히고 있었다. 하지만 반대가 극심하였다. 무언가 전세를 역전시킬 한 방이 필요했을 것이다. 그 한 방이 동방노인의 비결이었던 것일까?

현대인의 감각으로는 어처구니없어 보이지만, 유교를 국시로 하는 조선에서도 명리·풍수와 같은 도참사상은 여전히 강력한 힘을 발휘하고 있었다. 당장 경복궁만 해도 그 터를 잡는 데에 풍수 사상이 크게 작용하였으며, 이후 역대 조선 임금들의 묘 자리를 정하는 데에도 풍수를 고려하지 않는 경우는 없었다. 왕과 왕비의 합궁일도 명리학적으로 길일(吉日) 길시(吉時)를 따져 그때에만 거행해야 했으니 '우연히 발견된' 동방노인의 비결도 무시할 수 없는 힘을 가졌을 듯하다.

물론, 그 내용과 발견된 때가 너무도 연출의 냄새가 나서 당시 사람들도 곧이 믿지는 못했을 성싶지만, 동방노인의 비결 첫머리를 다시 보면 "계해년(1863, 고종 즉위) 말에서 갑자년(1864, 고종 1년) 초에 새로운 왕이 등극하더라도 나라를 이을 자손이 또 끊어질 것이니 두려워하지 않을 수 있겠는가?"라고 하였다. 이렇게 겁나는 말이 왕에게까지 전달되었는데, 신하들이 그거 다 허무맹랑한 소리라고 일축할 수는 없었을 것이다. 나라를 이을 자손이 또 끊어지지 않으려면 경복궁을 다시 지어야 하는 것이다. 예나 지금이나 점쟁이들의 가장 큰 무기는 사람들에게 겁을 주는 것이다.

그리하여 공사가 시작되었는데, "벼슬아치와 어린아이부터 하인과 천인에 이르기까지 기뻐하지 않는 사람이 없이 서로 알리고 마음을 다해 원납하였다."라고 하였다. 사실과는 여러모로 달랐으리라 생각되지만, 공식적인 기록에 '백성들이 불만이 많았음에도 강

흥례문 앞 경복궁 경내로 들어서는 흥례문 앞에 일군의 수문장들이 서 있다. 깃발이 나부끼며 펄럭이는 것이 멋스럽다. 경복궁이 다시 완공되었을 때 건장한 수문장들이 궁 앞을 지켰을 것이다.

압에 못 이겨 억지로 돈을 내었다.'라고 쓸 수는 없었을 것이다. 어쩌면 원세철이란 인물이 왕실에 충성을 다하는 우직하기 그지없는 공무원이어서 진심으로 이렇게 생각했을 수도 있겠지만, 남겨진 글만 가지고 원세철의 속마음을 알 수는 없다.

글은 더 나아가서 "바야흐로 공사가 시작되자 멀고 가까이에 사는 백성들이 삼태기와 가래를 가지고 식량을 지참하여 서로 다투어 달려오는 것이 마치 아들이 아버지의 일에 오는 것과 같았는데, 하루에 일만 명을 헤아렸다."라고 하였다. 이는 사실과 부합하는 기록이었으리라 여겨진다. 고종 대에 시작된 경복궁 중건 공사는 막대한 규모의 토목 공사였다. 이러한 공사에는 수많은 인력이 필요하며, 수많은 인력들에게는 그만큼의 보수가 지급되어야 한다. 즉, 조선 후기에 한양 한복판에서 엄청난 돈이 풀린 것이다. 이렇듯 엄청난 돈이 풀리면 전국 각지의 사람들이 모여들 수밖에 없다. 그러한 광경을 원세철은 위와 같이 기록해둔 것이다. 글의 뉘앙스는 백성들이 자발적으로 마음을 모아 몰려든 것처럼 서술해 놓았지만, 그 의도가 어쨌건 많은 백성들이 일시에 모여든 것은 사실 그대로였을 것이다.

글은 좀 더 이어진다.

아! 예전에 나라를 건국할 때 무학대사가 미래의 운수를 내다보면서 '푸른 소[靑牛, 신선들이 타고 다니는 소]가 다시 도읍을 정하면 아마도 호수(濠水, 경치가 매우 좋아서 장자와 혜자가 노닐었다고 하는 곳)를 바라보게 될 것이다.'라고 하였으니 이 궁궐의 중건이 어찌 기수(氣數, 길흉화복의 운수)가 부응하기를 기다린 것이 아니겠는가? 지금 기이한 기록이 때마침 나오고 백성들이 기꺼이 부역하러 오니 진실로 하늘의 뜻과 사람의 마음이 부합한다는 것을 볼 수 있다. 273년 동안 열성조(列聖朝)께서도 겨를이 없어 이루지 못한 일이 뜻밖에도 금방 완성될 희망이 생겼으니 이는 대원위 합하의 지혜로운 안목과 명확한 판단이고 임금을 잘 도운 결과일 것이다. 억만 세대 동안 무궁할 아름다운 나라는 실로 이것에 기반할 것이니 아름답고도 훌륭하도다.

이 부분은 전형적인 기문의 문체라 할 수 있다. 특히 궁궐 관련 기문에서는 온갖 찬양과 나라의 태평성세를 기원하는 마음이 꼭 들어가게 마련인데, 원세철도 그러한 관습을 잘 따른 것으로 보인다. 원세철이 아니라 그 누구였더라도 경복궁을 새로 중건하겠다는데 이와 같이 국가 공식 기록물에 수록되는 기문에서 비판적 언사를 내비치는 않았을 것이며, 마치 주례사처럼 새로 태어나는 경복궁을 축하하고, 그의 밝은 미래를 기원해주었을 것이다.

원세철은 이 단락을 맺음하면서 "억만 세대 동안 무궁할 아름다운 나라는 실로 이것에 기반할 것이니 아름답고도 훌륭하도다."라고 하였다. 이는 원세철의 진심이었다고 믿고 싶다. 경복궁 중건 공사에 참여하는 한 명의 관리로서 공사의 과정을 매일같이 바라보면서 새로 태어나는 경복궁을 기반으로 이 나라가 억만 세대 동안 무궁하고 안녕하기를 진심으로 기원했을 것이라고, 믿고 싶다. 원세철의 바람과는 달리 조선의 수명은 얼마 남지 않았지만 말이다.

여기서 기문이 마무리되어도 되었을 텐데, 원세철은 기존에 있던 글을 덧붙여두었다. 그 첫머리만 원세철의 문장인데 아래와 같다.

태조가 즉위한 지 3년인 갑술년(1394, 태조 3년)에 역사(役事)를 시작하여 을해년(1395, 태조 4년)에 새로운 궁궐이 완성되었다. 봉화백(奉化伯) 정도전이 '경복궁'이라 이름 짓고 말하였다.

이렇게 말하고는 정도전의 〈경복궁〉 글 전체를 옮겨놓은 뒤 "통

향원정 일원 '향기가 멀리 간다'는 뜻의 향원정(香遠亭)은 1867년의 경복궁 중건 때에는 없었고, 이후 고종이 건청궁을 지을 때 함께 조성한 것이라고 한다. 경회루 일원과는 또 다른 아름다움이 있는, 경복궁 내의 보석 같은 장소이다.

훈대부 행 한성부 주부 원세철이 삼가 쓰다."라고 글을 끝냈다. 정도
전의 글에 대한 개인적인 감상은 한 글자도 덧붙이지 않았다. 일반
적인 기문들을 보사년 같은 건물을 대상으로 한 이전의 기문 내용
을 부분적으로 인용하는 경우는 있지만, 이렇게 전체를 다 옮겨놓는
경우는 없다고 할 수 있다. 그만큼 이례적이라 하겠는데, 원세철은

경복궁을 중건하는 이 시점에 470년 전의 정도전을 떠올린 것이며, 그가 쓴 글을 고스란히 옮겨둘 만큼 존경을 표한 것이다.

470년이나 지났지만 건국초의 정도전에 대한 명성은 여전히 회자되었던 것 같고, '경복궁'이란 이름을 정도전이 지었으며, 그가 직접 쓴 〈경복궁〉 글도 있다는 것을 많은 이들이 알고 있었던 것 같다. 아마도 원세철은 경복궁 중건 공사 현장에서 일하게 되었고, 『경복궁영건일기』의 편찬 책임도 맡으면서 정도전이 쓴 글을 읽어보았을 듯하다. 정도전의 〈경복궁〉은 우리도 이 책의 1장에서 보았듯이 새로운 국가의 새로운 궁궐이 창건된 것에 대한 감격과 자부심이 기품 있게 담겨있고, 앞으로 이런 나라가 되기를 소망하는 진실된 마음도 깃들어 있다.

원세철은 정도전의 글을 읽으며 어떤 마음이었을까? 벅찬 감동을 느끼지 않았을까? 정도전이 '경복궁(景福宮)'이란 이름(큰 복을 함께 하는 궁궐)에 담은 그 정신을 지금 새로 태어나는 경복궁에도 그대로 선사하고 싶지 않았을까?

470년 전 정도전이 썼던 그 글을 다시 한번 보고 싶다. 지금 273년간의 폐허를 겪어낸 뒤 비로소 경복궁이 다시 태어나는 그 공사 현장에 참여하고 있다는 기분으로 읽어봐 주시기 바란다.

신(臣)은 생각하건대, 궁궐이란 임금이 정사를 다스리는 곳이요, 사방이 우러러보는 곳이요, 신민들이 다 나아가는 곳이므로, 제도를 장엄하게 해서 존엄함을 보이고 이름을 아름답게 지어 보고 듣는 자를 감동하게 해야 합니다. 그러므로 중국의 한나라와 당나라 이래로 궁궐의 호칭이 혹은 전에 있던 이름을 따기도 하고 혹은 고쳐 부르기도 하였으나, 존엄함을 보이고 감동을 일으키게 한 바는 그 뜻이 같은 것입니다.

전하께서 즉위하신 지 3년이 되던 해, 한양(漢陽)에 도읍을 정하시고 먼저 종묘(宗廟)를 세운 다음 궁궐을 건립했습니다. 그 이듬해 10월 을미일에 임금께서는 친히 곤룡포와 면류관을 갖추고 선왕(先王)·선후(先后)에게 새 종묘에서 제사를 지내고, 이어 군신들에게 새 궁궐에서 잔치를 여셨습니다. 이것은 대개 신(神)의 은혜에 감사하며 미래의 복을 받기 위한 것이었습니다.

술이 세 순배가 돈 뒤 신(臣) 정도전에게 명하기를, "이제 도읍을 정하고 태묘를 세웠으며 새로운 궁궐이 완성되어 군신들과 기쁘게 잔치를 하였으니, 그대는 궁궐의 이름을 지어 나라와 함께 길이 빛나도록 하라."고 하셨습니다. 이 명을 받고 신이 삼가 절을 한 다음 『시경(詩經)』「주아(周雅)」편의 '마음껏 취하고 덕으로 배가 불렀도다, 군자는 만년토록 큰 복을 누리라(旣醉以酒 旣飽以德 君子萬年 介爾景福)'는 한 구절을 읊고는, 새로운 궁궐의 이름을 '경복(景福)'이라 짓기를 청하였습니다. 여기에서 전하께서는 자손들과 더불어 만년토록 태평을 누릴 것이며 사방의 백성들도 길이 보고 느끼는 바가 있을 것입니다.

그러나 『춘추(春秋)』에 이르기를, '민력을 중히 여기고 토목 공사를 삼가라(重民力 謹土功)'하였으니 어찌 인군으로서 한낱 백성들만 부지런히 일하도록 하여 자신을 받들게만 할 것입니까? 편안하게 넓은 집에서 살 때에는 가난한 선비들을 보호할 것을 생각하고, 서늘하게 전각에서 살 때에는 맑은 그늘을 나누어 줄 것을 생각하여야 만민들이 받드는 의의를 저버림이 없을 것입니다. 그래서 아울러 말씀드렸습니다.

고종, 〈반교문〉

'반교문(頒敎文)'이란 나라에 경사가 있을 때에 반포하는 임금의 교서를 말한다(『한국한자어사전』(단국대학교 동양학연구소) 참고). 이 글은 『경복궁영건일기』에도 실려 있고 『고종실록』에도 실려 있는데, 고종 4년(1867) 11월 16일의 기사여서 언제 반포되었는지 정확한 일자를 알 수 있다. 1867년이면 조선이 개국한지 476년째이고, 임진왜란으로 경복궁이 폐허로 변한 뒤로부터 275년째이다.

이제 경복궁이 완공되었고, 왕과 신하들도 경복궁으로 옮겨오게 되었기에 그 경사스러움을 기념하고자 왕이 반교문을 발표한 것인데, 요즘도 나라에 중요한 행사가 있으면 예외 없이 듣게 되는 대통령 연설문과 성격이 같다고 할 수 있다. 다만, 고종의 이 반교문은 조선 개국 이래 유례가 없었던 내내직인 경복궁 중건을 기념한 것이었고, 이후에도 이런 일은 없었으므로 좀 더 주목해볼 수 있을 것이다.

이 글의 마지막을 보면 "예문제학신석희제(藝文提學申錫禧製)"라는 말이 덧붙어 있는데, 이는 '예문제학 신석희가 지음'이라는 뜻이다. 즉, 이 반교문은 고종이 쓴 것이 아니라 예문제학이라는 고위급 관직을 맡고 있었던 신석희(申錫禧, 1808~1873)라는 인물이 쓴 것임을 알 수 있다. 이에 이 글의 필자를 신석희로 적어야 할지 고민했지만, 왕의 반교문을 신석희가 써서 올린 것이고 왕이 발표한 글이므로 필자는 고종으로 표기하였다. 요즘에도 대통령 연설문의 대부분은 전담 행정관이 대신 써주는 것이지만, 그 모두는 대통령의 말과 글로 인식되는 것처럼 이 반교문도 고종의 글로 여기는 것이 합당하리라 본다.

『고종실록』에 보면 반교문 앞에 "경복궁에 나아가 근정전에 앉아서 축하를 받고 사면(赦免)을 반포하였다."라는 한 줄 기록이 있다. 예나 지금이나 나라의 경사가 있으면 대규모 사면령이 내려지므로 이는 자연스러운 일인데, 그보다 눈길을 끄는 것은 '경복궁에 나아가 근정전에 앉아서 축하를 받고'라는 문장이다. 조선의 왕이 다시 경복궁 근정전에 앉은 것이 무려 275년만이다. 완전히 무너져 내렸던 경복궁이 다시 건립되었고, 그 옛날처럼 왕이 경복궁의 정전인 근정전 어좌에 앉은 것이다. 실로 감격스러운 순간이라 하겠는데, 이때에 고종이 무엇이라 말하였는지 차근차근 보도록 하자.

(글을 쓴 신석희도 이것이 고종의 말임을 철저히 의식하며 썼을 것이므로 고종의 말로 받아들여도 무리가 없으리라 본다.)

근정전 1867년 경복궁이 다시 재건되었고, 경복궁의 정전인 근정전도 다시 일어섰다. 지금 우리가 볼 수 있는 근정전도 (여러 번의 보수 공사를 거치긴 했지만) 고종 때에 중건한 그것이다.

왕은 다음과 같이 말한다. 하루에 만년의 터전을 세운 것은 큰 복이 독실하게 도운 것이니 10월에 길이 즐거워할 축하를 받고 밝은 명령을 반포하는 바이다. 온 나라의 백성들은 크게 모여서 모두 나의 명령을 들을 것이다.

경복궁이 다시 서게 되었다는 왕의 공식적인 선언이다. 지금과 같은 민주주의 사회가 아니었기에 '명령'이라는 표현이 쓰였지만,

표현만 그러할 뿐 강제적인 지시를 하는 것은 아니므로 '선언'의 뜻으로 이해해도 좋을 것이다. 선언문의 첫머리에서부터 나라의 큰 경사를 기뻐하는 마음이 분명히 전해진다.

'온 나라의 백성들은 크게 모여서'라고 했을 때에 '크게 모여서'에 해당되는 원문은 '대화회(大和會)'이다. 클 대(大), 화합할 화(和), 모일 회(會)이므로 직역하면 '크게 화합하면서 모여'가 된다. 경복궁이 다시 서게 된 것을 계기로 온 나라 백성들이 크게 화합하면서 모이기를 기원하는 뜻이 담겨 있다. 실제로 조선 백성들이 경복궁 앞에 모두 모일 수는 없었겠지만, 마음으로 서로 화합하고 모일 수 있기를 바란 것이다.

그 다음 문장은 아래와 같다.

듣자니 성인들은 지극히 효성스러워서 능히 조상의 영구한 계책을 잇는다고 하였다. (……) 이제 나 소자가 임금의 자리에 오른 초기에 선대의 신령한 임금의 훌륭한 위업을 이어받으니, 나라와 백성, 강토를 부탁하시거늘 왕업을 거슬러 올라가보면 어렵기만 하고, 나라를 세우고 부지런히 운영하셨기에 크나큰 기반을 돌아보노라면 몹시 두려울 뿐이다.

275년 만에 다시 경복궁 근정전 어좌에 앉게 되었으니 선대 왕들을 생각하지 않을 수 없었을 것이며, 그분들이 이뤄낸 위업을 되새겨보노라니 크게 두렵다고 하였다. 이렇게 경사스러운 날에도 마

근정전 어좌 275년 만에 조선의 왕이 근정전 어좌에 다시 앉았다. 경복궁 근정전에 가시면 그때의 그 감격을 생각해주시기 바란다.

냥 기뻐할 수만은 없는 것이 지도자의 책임감일 것이다.

　문장 중에 '나라와 백성, 강토를 부탁하시거늘'이란 부분이 눈에 들어온다. 조선의 역대 왕들이 자신에게 나라와 백성, 강토를 부탁하셨다고 믿은 마음가짐을 보게 되는데, 이러한 마음가짐이 얼마나 큰 부담으로 다가왔을지 잘 헤아려지지 않는다. 왕이란 그저 최고 권력자이기만 한 것이 아니라 나라와 백성, 강토에 대한 큰 부담감을 짊어지고서 매일같이 이어지는 선택과 판단에 책임을 져야 하는 사람이다. 어좌에 앉는다는 것은 어떠한 기분일까? 고종은 조선의 역사가 거의 끝나가는 그 시점에, 다시 경복궁 근정전 어좌에 앉았다.

옛날에 태조께서는 새로 큰 도읍을 세우고 경복궁이라는 대궐에서 거처하니, 앞에는 남산이고 뒤에는 삼각산이라 바로 천지의 중간에 있는 좋은 곳이었고, 먼저 종묘를 짓고 뒤에 거처하는 방을 세우니 전각이 위아래로 취하는 바가 있었다. 상서로운 징조가 이미 나타나서 백 년 동안에 왕업이 흥성하였고, 그 제도는 실로 삼대(三代) 때를 본떴으니 후세에 더할 것이 없었다. (……) 아름답도다! 역대 임금이 서로서로 이어받아 나갔다. 훌륭하도다! 크고 큰 위업을 함께 받아왔다. 훌륭하고 큰 위업이 지극하니 여러 대에 걸쳐 거듭 빛냈고, 돌아볼 때 그 빛이 환하였으니 신과 함께 교화시켰다. 이것은 만대의 신령이 도와준 것이고 한 때의 운수가 관여한 것이다.

중간쯤에 "삼대(三代) 때를 본떴으니"라는 말이 보이는데, '삼대'란 중국의 고대왕조인 하·은·주 삼대를 가리킨다. 서양에서 그리스·로마 시대를 이상적인 사회로 숭상하듯이, 동양에서는 하·은·주 시대를 숭상해왔으며, 『논어』·『맹자』를 비롯한 수많은 문헌들에서도 빈번히 등장하지만, 조선 선비들의 문장에서도 매우 널리 쓰였다. 여기에서 하·은·주 시대가 정말 이상적인 시대였는지 아니었는지는 중요하지 않다. 그 시대는 하나의 이상향으로서 관념화된 것이며 굳이 그것을 거스를 이유도 없었다. 그 시대를 추종하고,

그 시대의 정신을 배우자고 하면서 역사 속의 '상징 모델'을 정립해 둔 것이 오랜 세월을 이어져왔던 것이다.

　태조부터 시작하여 역대 임금들을 찬양하였다. 후대 임금으로서 당연히 내보여할 태도였을 것이다. 또한, 역대 임금을 찬양한다는 것은 조선의 지난 역사를 찬양하는 것이기도 하므로 내 나라에 대한 긍정과 자부심을 천명한 것이라 할 수 있다. 지나온 조선의 역사가 아름답지만은 않았다는 것은 고종도 알고 조선인 모두가 알고 있었을 테지만, 경복궁을 새로 지은 축하의 자리에서 그러한 언급이 필요하진 않았을 것 같다. 다분히 공식문서상의 뻔한 찬양처럼 보일 수 있지만, 이 나라의 역사를 긍정하고 자부심을 갖겠다는 태도는 높이 사고 싶다. 한 문장만 다시 보도록 하자. "훌륭하고 큰 위업이 지극하니 여러 대에 걸쳐 거듭 빛냈고, 돌아볼 때 그 빛이 환하였으니 신과 함께 교화시켰다."

　다소 난해할 수 있는 중간 부분은 건너뛰고 마지막 부분으로 가보겠다.

　화락한 기운에 경사가 모여드니 어찌 형벌을 쓰지 않는 데 그치겠는가? 40년 동안 큰 은혜를 베풀어 인자한 것을 보이고 대사령(大赦令)을 내려 하루에 500리를 가게 하는 바이다. 이달 16일 날이 새기 이전에 빔한 각종 범죄 가운데서 죽을죄를 제외하고 그 이하는 모두 용서하여 주어라.

반교문 앞에 "사면을 반포하였다."라는 기록이 있었는데, 그 내용이 여기에 있다. 대사령을 내린다는 것은 큰 경사를 맞아 백성들에게 벌을 내리기보다는 용서의 덕을 베풀겠다는 것이다. 물론, 큰 죄를 지은 자에게는 법의 엄정함을 보여야 하기에 사면에서 제외하지만, 그 정도가 아니라면 큰 용서를 베풀어서 백성들의 마음을 얻겠다는 속뜻을 헤아릴 수 있다.

이제 반교문의 마지막 문장이다.

아! 태평한 때에 훌륭한 경사를 맞이하니 화락한 혜택이 비를 내리게 하는 순한 바람을 타고 오른다. 천만에 달하는 집들에 차례로 하늘의 운수와 사람의 복이 열리고, 구주(九疇, 천하를 다스리는 아홉 가지의 큰 법칙)와 오복(五福)을 끝없이 임금의 백성들에게 주게 될 것이다. 이에 교시(敎示)하는 것이니 잘 알 줄로 생각한다.

경복궁을 새로 완성해낸 지금, 어좌에 앉아 반포하는 글의 마지막에서 백성들에게 큰 복이 내리기를 기원하였다. '경복(景福)'이 '큰 복'이라는 뜻이니 그 이름에 걸맞게 백성들의 큰 복을 소망한 것이다.

그리고, "화락한 혜택이 비를 내리게 하는 순한 바람을 타고 오른다"라는 부분이 유독 눈에 들어온다. 우리는 앞에서 농경사회인 조선에서 비가 얼마나 중요하고 기쁨의 대상일 수 있는지를 보았다. 서거정이 경회루에서 임금과 잔치를 벌이면서 "오랜 가뭄 끝에 단비가 내리시니 / 만물이 모두 기뻐한다네"라고 한 것을 보았고, 세조가 시험에 장원한 인재를 앞에 두고 "좌불안석하며 현인을 구하였고 이미 적임자를 얻었는데 / 더구나 때 맞춰 내리는 비가 온 나라를 두루 적셨네"라고 한 것도 보았던 것이다. 이처럼 비가 온 백성에게 기쁨을 주는 것이기에 경복궁을 다시 세운 훌륭한 경사를 맞이하여 "화락한 혜택이 비를 내리게 하는 순한 바람을 타고 오른다"라고 쓴 그 마음을 기억하고 싶다. 반교문을 마무리 지으면서 백성들의 농토를 적셔줄 비를 잊지 않았던 것이다.

4장을 맺음하며

경복궁이 다시 중건된 것은 지금으로부터 150여 년 전이다. 그때부터 지금까지 이 나라의 역사를 돌이켜본다면 참으로 많은 일들이 있었음을 새삼 느끼게 된다. 지금 경복궁은 150여 년 전 다시 중건되었을 때의 대단했던 규모는 아니지만, 일제강점기 때의 그 스산했던 모습에 비한다면 확연히 달라진 얼굴로, 당당한 기품마저 느끼게 하는 자태로 우리 앞에 서 있다.

경복궁 중건을 축하하고 백성들의 큰 복을 기원하였던 원세철과 고종은 이후 경복궁의 운명이, 이 나라의 운명이 그토록 파란만장할 줄은 짐작도 하지 못했을 것이다. 다만, 그 힘겨운 시간들을 차례차례 극복해내고 지금은 밝은 웃음으로 자유롭게 경복궁에 놀러올 수 있는 시대가 되었으니 (현재의 대한민국이 태평성대까진 아니라 해도) 두 분께 부끄러워하진 않아도 될 듯하다.

원세철은 〈경복궁영건기〉에서 "억만 세대 동안 무궁할 아름다운 나라는 실로 이것에 기반할 것이니 아름답고도 훌륭하도다."라고 말하였다. 물론, 원세철이 말한 '나라'는 조선일 것이고, 조선은 이후 50년도 못 되어 망했으니 원세철의 바람은 어긋난 것이 되었다. 그러나, 한국말을 쓰는 한민족의 나라는 그대로 사라지지 않고 대한민국으로 계승되어 오늘에 이르렀다. 현재 대한민국의 중심 기반이 경복궁일 수는 없겠지만, 원세철의 소망을 지금 다시 되새겨보고 싶다. 억만 세대 동안 무궁할 아름다운 이 나라. 아름답고도 훌륭하도다.

고종은 〈반교문〉에서 "천만에 달하는 집들에 차례로 하늘의 운수와 사람의 복이 열리고, 구주(九疇)와 오복(五福)을 끝없이 임금의 백성들에게 주게 될 것이다."라고 하였다. 조선 임금의 백성들은 이제 없다. 지금은 민주주의 대한민국의 국민들이 있을 뿐이다. 그렇다면 임금의 백성이 아닌 오늘날의 국민들께 고종의 축원을 들려줄 수도 있을 것이다. 고종의 말씀을 그대로 좇아 축원해보겠다. 천만에 달하는 집들에 차례로 하늘의 운수와 사람의 복이 열리고, 구주와 오복을 끝없이 이 나라의 국민들에게 주게 될 것이다.

조선조에 건립된 경복궁은 이제 대한민국의 자랑스러운 문화유산이 되었고, 경복궁에 대한 옛글 또한 우리의 소중한 기록유산이다. 지금까지 여러 편의 경복궁 관련 옛글들을 읽으며 조선의 개국부터 황혼기까지를 따라왔는데, 옛사람들의 마음이 현재의 우리에게도 와 닿았으리라 믿는다. 경복궁과 함께, 옛글에 담긴 마음도 오래도록 전해지기를 바라본다.

경복궁 안에서 바라본 광화문 중건된 이후로도 경복궁은 많은 수난을 겪었다. 광화문은 더욱 그러했다. 그 수난들을 다 겪어내고 지금 이와 같이 의젓하게 서 있으니 자랑스럽다. 경복궁 밖으로 보이는 빌딩들도 조상님들께 자랑하고 싶다.

닫는 말

1

책을 쓰면서 가장 많이 느낀 것은 어떤 글이라도 천천히 생각을 하며 곱씹어보아야 더욱 풍부한 속뜻이 담겨있음을 알게 된다는 것이다. 이 책에 소개한 시문의 경우에도 처음 보았을 때는 '그냥 뻔한 글이네', '더 설명할 건 없는 글이네' 같은 생각을 한 적도 많았지만, 한 줄씩 읽고, 천천히 생각을 해보고, 글쓴이의 마음을 헤아려보고자 계속 곱씹어보니 그 전엔 보이지 않았던 것들이 보였다. 심지어 설명 글을 쓰기 전에는 생각지도 못했던 것들이 글을 써나가면서 갑자기 떠오르기도 하였다. 이 책의 주된 의도는 경복궁 관련 옛글에 담긴 마음들을 읽어내는 것이었고, 그렇게 하기 위해 여러모로 노력하다 보니 이전엔 보이지 않았던 것들이 보인 것이다.

혹시 경복궁 관련 옛글을 보게 될 기회가 있었다 해도 이 책에서 행한 만큼 세밀하게 곱씹어본 경우는 거의 없었을 것이다. 만약 경복궁 경내에 관련 옛글이 동판으로 제작되어 설치된다 하여도 마찬가지이다. 대부분의 사람들은 쓱 읽고 지나칠 것이다. 하지만, 그래서는 옛글의 진면목을 알기 어렵다. 그러하기에 오랜 시간 공들여 자세히 살핀 바를 이 책에 그대로 담았고, 독자들이 함께 나누어 갖기를 바란다. 나누어 가져가시면서 옛글의 진면목을 조금이라도 느끼셨다면 정말로 기쁘겠다.

독자 여러분 중에서는 무슨 설명이 이렇게 구구절절 길게 늘어지나, 라고 생각한 분도 계실지 모르겠다. 나로서는 글을 읽으며 나와 글 사이에 떠오르는 생각과 느낌을 최대한 정제하며 적어본 것이지만, 사실 또 하나의 의도가 있었다. 그것은 독자 여러분께서 글 한 줄 한 줄에 가급적 오래 머무르셨으면 하는 바람이었다. 설명이 없거나 짧다면 그냥 읽고 넘어갈 수도 있지만, 설명이 긴 호흡을 가지고 있다면 읽는 분들도 그 한 줄을 긴 호흡으로 느껴볼 수 있다. 설명을 읽는 시간만큼 그 문장 안에 머물러 계실 수 있는 것이다. 설명이 시끄럽게만 들리셨을지도 모르겠지만, 그 시간 동안 옛글 안에 머무르셨다면 그것만으로도 감사한 마음이다.

그리고, 일러두기에서도 밝혔듯이 책 속에 설명한 내용들은 '하나의' 생각일 뿐이며, 사람마다의 '다른' 생각이 모두 가능할 것이다. 책을 다 읽은 지금에서라도 각각의 시문들을 다시 떠올리게 된다면 자기만의 생각과 느낌을 보태주시길 기대한다.

2

경복궁엔 사람이 살았고, 일을 했고, 놀기도 했다. 이 사실을 꼭 기억해주시기 바란다. 600여 년 전부터 150여 년 전까지 경복궁에는 사람이 살았고, 일을 했고, 놀기도 했다. 왕이건 신하건 모두 사람이며, 그들은 살아가는 와중에 글을 남겼다. 그 수많은 글들 가운데 스무 편 정도를 이 책에서 보았다. 스무 편 중에서는 기쁜 글도 있었고, 슬픈 글도 있었다.

지금도 그러하듯이 옛날 경복궁에도 해가 뜨고 달이 지고 비가 오고 바람도 불었을 것이다. 그러한 시간들 속에서 아픔도 많았지만, 오랜 시간 폐허로 누워 있기도 했지만, 그때 그 사람들이 쓴 기쁜 글 슬픈 글 모두 따뜻한 흔적일 수 있음을, 오래도록 찬란하게 우리들의 마음을 밝혀줄 수 있음을 말씀드리고 싶다.

이 책을 읽고, 경복궁에 관한 옛글을 읽고 마음이 밝아지셨기를 바랍니다.

跋: 누군가의 '집'이자 '직장'이었던 공간, 경복궁

강남욱 (경인교육대학교 국어교육과 교수)

 경복궁은 오랜 시간 동안 조선 왕가와 그 왕가를 살피는 수많은 이들의 거주 공간이었다. 말하자면 먹고 자고 머무는 '집'이었던 것이다. 그리고 경복궁은 입궐한 수많은 문무 관리들이 공직을 수행하는 직장이었다. 덧붙이자면 먹고 살기 위한 '일터'였던 것이다. 궁궐은 그런 점에서 대단히 매력적인 공간이다. 궁궐을 둘러봄으로써 왕실의 삶을 찾아낼 수도 있고 정치와 행정을 읽어낼 수 있으며 공간이 보여주는 윤리와 철학을 확인할 수 있다.

 경복궁은 누군가의 집이자 직장이었지만, 이제는 큰 관광지이다. 이제 경복궁에는 사람이 살지 않고 일하지 않는다. 사람들은 이전에는 존재했으리라 전혀 짐작하기 어려운, 오늘날의 입맛대로 각색하여 만든 번들번들한 한복을 빌려 입고 궁전에 들어와 왕 놀이도 하고 대감 놀이도 하고 왕후 놀이와 나인 놀이를 즐기며 사진을 남긴다. 해설사가 하루 몇 차례 무리를 이끌며 공간의 궤적을 꼼꼼히 설명하지만, 마치 동물원에 갇힌 동물의 생태를 설명하는 느낌이다. 건축물이야 발이 달려 있지 않으니 돌아다니는 생물은 아니련마는, 건축물은 누군가가 깃들어 삶을 영위해야 비로소 자연의 생태 속에 놓인다. 그래서 참 멋진 공간이지만, 문득 바라보기 애달프다.

나는 '한국어교육'이라는 학문을 연구하는 사람이다. 어쩌다가 비교적 일찍이 이 일을 시작하게 되어서 처음에는 가나다 입을 때는 외국인 학생들을 신나게 가르쳤지만 이제는 한국어 교사가 될 예비 선생님들을 가르치고 있고, 이 현상을 둘러싼 여러 가지 문제들을 궁리하고 풀어보는 일을 하고 있다. 처음에 한국어 가르치는 일을 시작할 때는 이즈음처럼 한국어와 한국 문화가 전 세계에 호황이 되는 '사업'이 될 줄은 미처 몰랐다. 한국을 알리는 드라마에서, 뮤직비디오와 광고에서, 한국어를 가르치는 교재에서 광화문, 근정전, 경회루는 도심 속 빛나는 야경과 더불어, 암투와 로맨스가 가득한 드라마 속 공간으로 세계 속의 한국을 상징한다. 곤룡포와 왕비복을 입은 배우와 아이돌에게 한류 팬들은 빠져들었고, 마침내 이들은 21세기의 새로운 제왕이 된 듯하다. 이렇게 한국어교육에서 경복궁은 외국인들에게 보여줄 수 있는 대표적인 '성취 문화'이자 '한국 문화 콘텐츠'를 표상한다. 그리고 나에게 경복궁은 어느 순간 잘 포장해서 팔아야 할 물건이 되었다. 북악산과 인왕산 아래 자리 잡은 이 정갈하면서도 짜임새 있는 궁궐은 세상 누구에게라도 속속들이 잘 알리고 싶은 멋진 상품일 수도 있겠지만, 갑자기 이래도 되나 싶다.

　글쓴이 박 순은 한국 한문학을 연구하는 소장 학자이다. 그는 나와 대학 시절 한문 원전을 공부하고 앎과 젊음을 발산하는 자리에서 처음 만났다. 그 모임에서 뻗어나가서, 스승님과 또 함께 공부하는 선후배들과 편집부를 꾸려 〈故新〉이라는 비정기 무크지를 발행했다. 동갑에 국어를 공부하고 교육을 고민하는 공통분모를 가진 우리 둘은 금세 친해졌고, 지금에 와서 돌이켜 보면 어딘지 모르게 가상하고 우스운 마음도 들지만 사뭇 진지하게 시대와 사회를 향한 유감을 아낌없이 표출하느라 새벽이 되도록 글을 쓰고 토론했다. 박 순의 글은 날카로운 시각이 제법 예리한 글재주에 담겨 격정적인 재미가 있다는 평을 받았고, 나의 글은 조리 있는 설명이 꽤나 유연한 문체에 담겨 둥그렇게 표현한다는 얘기를 들었다. 그러니까 그는 관찰에 강하고 나는 해설에 강했으니, 돌려 말하면 박 순의 글은 개성 있는 문필가의 글 같았고, 나의 글은 친절한 선생님의 글 같았다.

　시간이 흘러 그는 영화 창작에 뜻을 두어 예술의 길을 시작했고, 책상물림인 나는 대학원에 진학하여 꼬박꼬박, 그리고 꾸역꾸역 공부했다. 대학원에서 물색없이 지내며 나는 늘 박 순의 삶의 자세를 응원하고 동경했다. 예비 연출가인 그는 나의 결혼식을 촬영했고, 중급 한국어 선생님인 나는 그의 결혼식 사회를 보았다. 세상 재미있는 일이다.

박 순이 진로를 돌려 한국 한문학을 전공한다고 했을 때, 나는 그가 고지식한 나와 같지 않은 독특하고 멋진 학자가 될 것이라 생각했다. 조금 늦은 시기에 공부를 시작했지만, 워낙 한문 고전들을 단단히 읽어 왔고 스스로 새기고 공부하는 시간이 누적되었기에 기쁘고 미더웠다. 나름의 고충은 많았을 터이고, 그 속내를 다 알지는 못하지만 대학원 과정을 부지런히 마치고 한문학을 디지털 아카이브로 구축하는 방법론을 제안하는 실사구시에 충실한 학위 논문을 제출하여 응용 한문학자로 출발하게 되었다. 이제 설 자리조차 찾기 어려운 인문학 안에서, 또 국어국문학 내에서도 제대로 조명을 받지 못하는 현실에서 한국 한문학을 하겠다고 한 것은 그가 타협하지 않는 공부를 하는 사람이라는 것을 보여주고, 그럼에도 다시 그 안에서 현실에 활용할 수 있는 방안을 모색한 것은 그가 세상을 등한시하지 않고 자신의 분야인 고전으로 사람들의 인식에 보탬이 되고자 실천적인 노력을 하고 있음을 드러낸다.

박 순은 이 책 『시가 흐르는 경복궁』을 통해, 상품으로서의 경복궁에 다시 영혼을 입히고, 갇혀 있는 전시품이 되어버린 경복궁에 잃었던 생동감을 불어넣는다. 다시 상기하자면, 경복궁은 600년 가까이 사람이 사는 공간이자 사람이 일하는 공간이었다. 자고 일어났고, 음식을 먹고 놀이를 했으며, 업무 회의도 하고 회식을 하기도 했다. 아주 노골적으로 말하자면 사람들이 모여 먹고 자고 싸는 일을 다 하는 곳이었다. 경복궁의 건물들은 사람이 살면서 새 터를 보아 추가로 짓기도 했고 사고와 전란으로 부서지거나 불타기도 했으며,

감흥의 순간과 비극의 순간에 배경이자 출연자로 함께해 왔다.

박순은 옛사람이 경복궁이라는 공간을 두고 남긴 글을 발굴하고 짚어가면서 시간을 가로질러 존재한 경복궁이라는 곳에 사람이 깃들어 있었다는 점을 일깨워준다. 이는 우리가 동물원에서 보는 호랑이가 원래는 자연 생태 속에서 살아 있는 생명체였으며, 눈 덮인 숲을 걷고 산길을 오르고 사냥에 나서고 가족을 양육하는 존재라는 것을 상상해내는 것과 같은 느낌을 준다. 그리고 그 상상력을 길어 올리는 안내의 말이, 예전의 격정과 예리함을 가라앉히고 다듬어 어느새 아주 느긋하고 차분한 글로 이어진다. 이 글을 처음 접할 독자들에게는 경복궁을 새롭게 이해하게 하는 좋은 안내서가 될 것이고, 나에게는 벗이자 동료 연구자인 박순의 글이 이렇게 변화해 왔음을 오래 지켜본 즐거움이 아울러 있다.

이 책을 차마 추천할 자격이 없는 비전문가인 까닭에, 옛사람의 발문을 흉내 내어 글쓴이의 이야기에 덧붙인다.

2022년 9월 하순에,
강남욱 書

참 고 문 헌

1. 원전자료

『태조실록(太祖實錄)』

『태종실록(太宗實錄)』

『선조수정실록(宣祖修正實錄)』

『세조실록(世祖實錄)』

『명종실록(明宗實錄)』

『숙종실록(肅宗實錄)』

『고종실록(高宗實錄)』

『단릉유고(丹陵遺稿)』

『몽와집(夢窩集)』

『사가집(四佳集)』

『삼봉집(三峰集)』

『선양정집(善養亭集)』

『율곡전서(栗谷全書)』

『용재집(容齋集)』

『퇴계집(退溪集)』

『홍재전서(弘齋全書)』

『동문선(東文選)』

『열성어제(列聖御製)』

『황화집(皇華集)』

『조선경국전(朝鮮經國典)』

『궁궐지(宮闕志)』

『논어(論語)』

『맹자(孟子)』

『대학(大學)』

『중용(中庸)』

『시경(詩經)』

『서경(書經)』

『예기(禮記)』

『회남자(淮南子)』

2. 단행본

단국대학교 동양학연구소,『한국한자어사전』, 단국대학교출판부,
    2002.

문화재청 편집부,『궁궐의 현판과 주련 1: 경복궁』, 수류산방, 2007.

서울역사편찬원,『국역 경복궁영건일기』, 서울책방, 2019.

신영훈,『한국의 고궁』, 한옥문화, 2005.

임석재,『예로 지은 경복궁』, 인물과사상사, 2015.

한영우,『왕조의 설계자 정도전』, 지식산업사, 1999.

허균,『사료와 함께 새로 보는 경복궁』, 한림미디어, 2005.

홍순민,『홍순민의 한양읽기: 궁궐』, 눌와, 2017.

3. 논문

김용태,「조선시대 한시문에 나타난 경복궁에 대한 심상」,『동양한문
    학연구』43집, 동양한문학회, 2016.

박진훈,「경복궁에 투영된 조선초기의 이상적 국정운영체계」,『역사
    와 실학』60집, 역사실학회, 2016.

심경호, 「상량문의 문학성 시론」, 『한문학보』 20집, 우리한문학회, 2009.

장지연, 「태조대 경복궁 전각명에 담긴 의미와 사상적 지향」, 『한국문화』 39집, 서울대학교 규장각한국학연구원, 2007.

4. 웹사이트

문화재청 국가문화유산포털(https://www.heritage.go.kr)

문화재청 궁능유적본부(http://royal.cha.go.kr)

조선왕조실록(http://sillok.history.go.kr)

한국고전종합DB(https://db.itkc.or.kr)

한국민족문화대백과사전(http://encykorea.aks.ac.kr)

감사의 글

　　먼저 나의 은사님이신 허경진 선생님께 감사드린다. 학문을 가르쳐주셨던 은혜, 학문의 방향을 일러주셨던 은혜를 항상 되새기고 되새긴다. 선생님께 이 책을 보이기가 부끄러워 책을 쓰는 내내 아무 말씀도 드리지 않았는데, 책이 나와도 선뜻 드리지는 못할 것 같다. 부끄러운 글일 뿐이지만 선생님의 가르침이 없었더라면 이 책은 시작도 하지 못했을 것이다. 부족하기만 한 내게 많은 것을 가능하게 해준 선생님께 거듭 감사드린다.

　　대학원에서 함께 공부한 이상욱, 강혜종, 임미정, 장진엽, 문순희, 박혜민, 최영화, 김성은, 조영심, 탁승규 님께도 존경과 우정의 인사를 보내고 싶다. 같이 공부길을 걸으면서 많은 것을 배웠으며, 사람의 정을 나누어준 것에 대해 항상 고마운 마음이다.

　　나의 주례 선생님이자 내가 많이 사랑하는 구연상 선생님께도 감사드린다. 선생님과 처음 만났던 것이 2000년 봄이었는데, 어느덧 22년이란 시간이 지났다. 방황하던 나를 묵묵히 지켜봐 주시고, 늘 따뜻하게 맞아주시며 격려의 말씀을 해주셨던 나날들을 오래도록 기억할 것이다. '우리 좋은 친구가 될 것 같다'라는 그 말씀을 다시 떠올려본다.

이 책의 첫 독자이자 발문을 써준 나의 오랜 친구 남욱, 동생이면서도 형 같이 느껴지는 속 깊은 석구, 포스텍에서는 실력 있는 교수님이지만 내게는 그냥 편안한 동생인 승철, 언제나 밝은 표정과 목소리로 씩씩하게 살아가는 준성, 그리고, 내 삶에 큰 활력을 주는 우리 향당재 멤버들 – 김준현, 홍연용, 이현수, 권성민, 김일중, 윤혜영, 최대석에게도 마음 깊은 감사를 전한다. 이 벗들 또한 2000년에 처음 만나 지금껏 인연을 이어오고 있으니 고맙고도 기쁘다.

이 책의 출판을 가능케 해주신 김철종 사장님과 손성문 팀장님, 책을 어여쁘게 디자인해준 박주란 과장님께도 고개 숙여 감사드린다.

이제 가족들께 감사의 인사를 드려야 할 차례이다. 무어라고 말해야 할까? 그냥 한 분 한 분 불러보고 싶다. 나의 할아버지, 할머니, 외할아버지, 외할머니, 아버지, 엄마, 장인어른, 장모님, 용범, 주원, 롤란드, 상원.

할아버지와 할머니, 외할아버지와 외할머니는 다른 세상에 계시다. 그리고, 조카 상원은 몇 달 전에 세상에 태어났다. 함께 했던 시간 동안 행복하였고, 함께 할 시간 동안 행복하길 바란다. 고맙습니다. 사랑합니다.

마지막으로 나와 함께 사는 가족에게 감사 인사를 전해야겠다. 짧은 편지를 보낸다.

아내 진아에게. 우리가 부부로서 살아왔던 지난날들, 앞으로 살아갈 날들을 생각합니다. 지금처럼 우리 행복하고 건강한 날들 보내도록 해요. 우리 앞에 더 멋진 나날들이 펼쳐질 것입니다. 늘 고맙고, 사랑해요.

아들 상윤에게. 아직은 조금 어리지만 어느덧 너도 아빠의 이 책을 잘 이해할 수 있는 날이 오겠지. 아빠가 살면서 머릿속에, 가슴속에 쌓아온 것들이 있는데, 그런 것들을 너에게 조금씩 전해주고 싶구나. 너의 성장 과정에 아빠가 함께 할 거야. 너는 아빠의 심장. 밝고 건강하게 자라거라. 사랑한다.

시가 흐르는 경복궁

2023년 1월 5일 1판 1쇄

지은이 | 박 순
펴낸이 | 김철종

펴낸곳 | (주)한언
출판등록 | 1983년 9월 30일 제1-128호
주소 | 서울시 종로구 삼일대로 453(경운동) 2층
전화번호 | 02)701- 6911   팩스번호 | 02)701- 4449
전자우편 | haneon@haneon.com

ISBN 978-89-5596-993-1   (03910)

만든 사람들
기획 · 총괄 | 손성문
편집 | 안수영
디자인 | 박주란

※ 이 저서는 2021년 대한민국 교육부와 한국연구재단의 지원을 받아 수행된 연구임
  (NRF-2021S1A5B5A16076041)

한언의 사명선언문

Since 3rd day of January, 1998

Our Mission   – 우리는 새로운 지식을 창출, 전파하여 전 인류가 이를 공유케 함으로써 인류 문화의 발전과 행복에 이바지한다.

              – 우리는 끊임없이 학습하는 조직으로서 자신과 조직의 발전을 위해 쉼 없이 노력하며, 궁극적으로는 세계적 콘텐츠 그룹을 지향한다.

              – 우리는 정신적·물질적으로 최고 수준의 복지를 실현하기 위해 노력하며, 명실공히 초일류 사원들의 집합체로서 부끄럼 없이 행동한다.

Our Vision   한언은 콘텐츠 기업의 선도적 성공 모델이 된다.

> 저희 한언인들은 위와 같은 사명을 항상 가슴속에 간직하고
> 좋은 책을 만들기 위해 최선을 다하고 있습니다.
> 독자 여러분의 아낌없는 충고와 격려를 부탁드립니다.
> • 한언 가족 •

HanEon's Mission statement

Our Mission   – We create and broadcast new knowledge for the advancement and happiness of the whole human race.

              – We do our best to improve ourselves and the organization, with the ultimate goal of striving to be the best content group in the world.

              – We try to realize the highest quality of welfare system in both mental and physical ways and we behave in a manner that reflects our mission as proud members of HanEon Community.

Our Vision   HanEon will be the leading Success Model of the content group.